세계의 역사마을·2

황하석림

THE SILK ROAD

Photographs & Essays by Kim Kwang-Sik

세계의 역사마을·2

– 중국과 베트남의 실크로드 역사·문화기행

글·사진 김광식

눈빛

내 나이 일흔에 『세계의 역사마을·1』을 낸 지 4년 만에 다시 『세계의 역사마을·2』를 낸다. 제1권은 세계적으로 세계문화유산으로 지정된 마을 단위의 역사적 유산을 찾아보았던 것인데, 역사가 있고 오래된, 규모가 작은 마을, 농촌이든 어촌이든 1차 산업이 주된 생계수단이 되는 마을은 많지 않았다. 그래서 역사적 마을 주변의 사람이 사는 읍촌이 추가되었다.

사람이 살고 있는 세계문화유산은 2백 군데가 넘는데, 모두 지명 표시가 '역사적 지구(Historic District)', 또는 '역사적 타운(Historic Town)', 또는 '역사적 마을(Historic Villages)'로 표현된다. 사람이 모여 사는 취락을 그 규모 또는 생업의 차이에 따라 마을·타운·지구·도시로 편의상 분류하는 것에 불과하다. 그런데 역사적 마을은 좀처럼 찾아볼 수 없다. 우리나라에서는 '역사마을'이란 단어가 생소하다. 오히려 전통마을 또는 민속마을이란 표현이 더 보편적이다. 이것은 아마도 문화재 보호정책에서 연유된 것이 아닌가 하는 생각이 든다.

이번에 나오는 『세계의 역사마을·2』는 2005년 이후 여행 중 찍은 사진과 자료를 엮어 내놓게 된 것이다. 실크로드라고 불리는 눈에 보이지 않는 길, 그러나 인류가 살면서 수천 년 전부터 오가며 문화를 주고받은 이 길엔 숱한 문화유산이 발견 보존되고 있다. 앞으로도 새로운 교류의 흔적은 계속 발견되어 인류 문화교류사가 새롭게 쓰일 것이다. 나는 2005년 중국 시안에서 개최된 이코모스(ICOMOS) 총회에 참석한 후 실크로드의 일부인 둔황과 우루무치를 관광한 것을 계기로 몇 번에 걸쳐 중국 시안에서 시작되는 실크로드를 답사할 마음이 생겨 2008년까지 여러 번에 걸쳐 사막과 초원의 실크로드를 드나들게 되었다.

역사마을 2권을 내면서도 나의 마음과 꿈은, 앞으로 나의 건강이 좌우하겠지만 아직 사막과 초원, 그리고 해로(海路)로 이어지는 문화의 통로를 더 답사해 보고 싶어 부풀어 있다. 유네스코는 문화교류의 길을 세계문화유산으로 지정하는 문제를 심도 있게 조사 연구하고 있는 중이기도 하다.

첫번째 책에 이어 이번에 역사마을 제2권을 내준 눈빛출판사 이규상 사장과 편집을 담당해 준 정계화 팀장에게 감사를 드린다.

2009. 9.
김광식

세계의 역사마을·2

– 중국과 베트남의 실크로드 역사·문화기행

차례

■ 세계유산(World Heritage)과 세계문화유산(World Cultural Heritage)

우리가 흔히 사용하는 '세계문화유산'은 '세계유산'의 하위개념이다. '세계유산' 안에는
'세계문화유산'과 '세계자연유산(World Natural Heritage)' '세계혼합유산(World Natural Heritage)'
등 세 종류가 있다. 외국의 경우 굳이 이를 구분하지 않고 '세계유산'으로 통칭하는 것이 보통이다.
이 책에서는 우리나라의 특성상 '세계유산'과 '세계문화유산'을 섞어서 사용했다.

■ 중국 지명 표기

중국의 역사 지명으로서 현재 쓰이지 않는 것은 우리 한자음대로 하고, 현재 지명은 중국어 표기법에
따르고 한자를 병기하였다. 중국 지명 가운데 한자음으로 읽는 관용이 있는 것은 이를 허용하였다.
예: 둔황(敦煌), 간쑤성(甘肅省), 란저우(蘭州), 黃河 – 황하, 河西回廊 – 하서회랑 등

오늘날 '실크로드(Silk Road)'처럼 그 이름을 듣는 사람에게 낭만적인 인상을 주는 길은 없을 것이다. 실크로드는 중국의 황하 중류 시안(西安)에서 서쪽으로 고비 사막과 타클라마칸 사막을 가로질러 파미르 고원과 중앙아시아·이란·터키를 지나 지중해까지, 장장 1만 킬로미터에 걸쳐 유라시아 대륙을 횡단하는 교역과 문화의 길을 말한다. 이는 19세기 중엽 독일의 지리학자 리히트 호펜이 광대한 지역의 고고학적 조사를 마친 후, 2천 년 전에 중국의 비단이 이 길을 통하여 지중해 여러 도시와 로마에까지 수입된 사실을 밝혀내고 나서 붙여진 이름이다. 그러나 우리가 상식적으로 생각하는 그런 길이 나 있는 것은 아니다. 사람이 견디기 힘든 험악한 자연 속에 점점이 자리 잡고 있는 오아시스 읍촌(邑村)을 연결한 것에 불과하다.

실크로드의 자연환경은 예나 지금이나 변함이 없다. 사철 눈 덮인 고원과 생명체가 살기 힘든 광활한 사막이 가로놓여 있다. 여름에는 태양이 작열하여 지표 온도가 섭씨 70도까지 올라가고 겨울에는 영하 30도까지 떨어진다. 일 년 내내 내리는 비가 고작 30밀리 정도여서 초목이 자라기가 어렵다. 바람이 모래를 이리저리 날라다 놓기 때문에 지형이 자주 바뀐다. 사막 한가운데에 물이 있는 곳을 일컬어 '오아시스'라 하는데, 대략 수십 킬로미터에서 백여 킬로미터 사이에 하나씩 위치하고 있다. 사람들은 이곳에 모여 농사를 짓고 살면서 실크로드를 오가는 사람들에게 잠자리와 보급품을 제공하는 연결점을 만들어 주었던 것이다.

19세기에 동양에 대한 관심이 높아지면서 서양의 탐험가들이 이 지역을 탐사하기 시작했고, 그들 중 어떤 사람들은 많은 문화재를 약탈해 가기도 했다. 그런 과정에서 실크로드에 관한 보고서들이 쏟아지면서 세계의 관심이 고조되었다. 1930년대 이후 중국의 내전으로 이 길은 폐쇄되었고, 공산화한 이후부터는 문을 완전히 잠가 버렸다. 그러다가 중국이 어느 정도 체제의 안정을 되찾기 시작한 1970년대에 이르러 제한적으로 서서히 개방되었다. 그리고 1990년대 말에 이르러서는 일반인들도 쉽게 관광할 수 있는 여행 가능 지역이 되었다. 오늘날의 실크로드는 우리가 상상하

열차표

는 것과는 사뭇 다르다. 철도와 고속도로가 국경까지 이어져 있고, 석유와 광물자원이 발견되어 개발이 한창 진행중인, 나날이 변하고 있는 역동적인 지역인 것이다.

그렇지만 현재까지도 중국에서 파미르 고원을 넘어 중앙아시아를 거쳐 지중해까지 이어지는 실크로드를 여행하는 것은 쉬운 일이 아니다. 정세가 불안정한 중국 서북지역과 중앙아시아 여러 나라를 넘어야 하는 일이 개인적인 여행으로서는 매우 어렵기 때문이다.

처음 실크로드 여행을 계획할 때, 나는 신장웨이우얼자치구(新疆維吾自治區)의 수도 우루무치까지 이어지는 중국 속의 실크로드 하서회랑과 톈산 남북로의 일부만을 기행하려고 했다. 그런데 막상 여행을 시작하고 나니, 갔다올 때마다 아쉬움이 남아서 다시 가고 또 가고 한 것이 결국에는 들락날락하는 조각 여행이 돼 버렸다.

지난 2005년부터 모두 여섯 번에 걸쳐서 실크로드 일대를 답사하였다. 첫번째는 2005년 10월, 시안에서 비행기로 우루무치까지, 그리고 투루판을 거쳐 열차 편으로 둔황(敦煌)까지 갔다. 그리고 2006년에는 간쑤성(甘肅省) 란저우(蘭州)에서 육로로 둔황을 경유하여 우루무치까지 여행했다. 이 당시의 여행은 몇 사람과 함께 하는 일주일 정도의 여행이었는데, 광대한 사막 어디에 있을 지난날 사람들의 흔적을 겨우 몇 군데 찾아가 본 것에 불과했다.

하서회랑을 달리는 철도

다시 2007년 초, 친구 두 명과 함께 베이징에서 실크로드의 주요 통로인 하서회랑을 거쳐 둔황까지 기차여행을 했다. 베이징에서 왕복 70시간의 여정으로 열차 내에서 세 밤을 잤다. 겨울철의 실크로드가 어떨지 심히 염려했었는데, 모래바람도 없었고 날씨가 줄곧 온화하여 여행하기에 힘들지 않았다.

그해 8월 초순, 나는 처음으로 사진가들과 함께 해발고도 평균 3천 미터가 넘는 칭하이성(青海省)의 칭하이 호와 치렌(祁連) 산맥(4천 미터)을 넘어 오르도스가 시작되는 황하유역까지 여행하였다. 그리고 9월에는 우리 한반도와 밀접한 관련이 있는 산둥(山東)반도를 다녀왔다.

2008년 가을에는 창춘에서 시작하는 11박 12일의 여정으로, 침대열차에서만 나흘 밤을 지새우면서 북부 중국(만주)과 내몽고에 이르는 유목민족의 고향 스텝 루트(Steppe Route)를 다녀왔다. 이 여섯 번째 여행으로 사막 오아시스 길과 초원의 길 기행을 마무리한다.

나의 실크로드 여행기는 베이징에서 시작하여 육로로 시안, 란저우, 하서회랑, 둔황 그리고 타클라마칸 사막을 지나 투루판에서 우루무치까지로 끝낼 예정이다. 혹한기에 출발한 이번 여행은 세 번째의 실크로드 여행길이다. 매번 단체여행에 끼어 일주일 정도씩 서너 군데 다녀오는 것은 수박 겉만 핥은 느낌이었다. 그래서 이번에는 친구 P와 L과 셋이서 둔황까지 경강선(京疆線, 베이징-우루무치) 열차를 타고 둔황까지 가서 거기서 인촨 닝샤회족자치구로 돌아 다시 베이징으로 오는 자유여행을 계획했다.

T69 열차는 오후 7시 24분 베이징 서역을 출발했다. 차표 예약이 쉽지 않아 한국에서 여행사를 통하여 웃돈을 얹어 주고 차표를 구입했다. 오지에 들어가면 중간 지점에서는 차표 구입이 힘들다고 해서, 란저우에 있는 조선족 학생을 통역 겸 가이드로 고용해 함께 다니기로 하였다. 중국 최대의 명절인 춘절(春節-음력 설)을 앞둔 시점이라 엄청나게 붐빌 것이라 해서, 여행사 직원에게 베이징역에 데려다 주고 승차를 도와 달라고 부탁해 놓았는데, 의외로 차분하고 질서정연한 가운데 열차는 베이징 서역을 출발했다.

2008 베이징 올림픽을 앞두고 하루가 다르게 발전하는 중국의 모습은 놀라웠다. 이전에는 중국의 기차가 이처럼 깔끔하지는 않았다. 4년 전(2005) 투루판에서 처음으로 중국의 침대열차를 탔던 적이 있는데, 그때 침대차 승무원은 무뚝뚝하고 표정

이 없었다.

　4분 동안 정차하는 시골 역에서 한밤중에 보따리를 여러 개 움켜쥐고 끌며 열차에 올라타려는 많은 승객 가운데 우리 외국인 관광객 50여 명도 앞다투어 간신히 올라 탔다. 우리 일행은 침대차 한 칸을 모두 전세 내어 탔는데, 탑승자가 통로가 좁은 침대칸(3단-경좌硬座)으로 몰리고 다른 중국인 승객도 섞여 도떼기시장 같은 상황이 벌어졌다. 우리의 침대칸을 지키던 승무원은 꽤나 무뚝뚝하고 권위적이었다. 우리 일행은 차에 올라타자마자 우왕좌왕 침대를 하나씩 차지하고 여행가방을 어디에다 둘 것인가 하면서 법석을 떨었다. 차 안이 조용해지지 않자 승무원이 짜증스러울 정도로 알아듣지 못할 중국말로 나무라며 핀잔을 주었다. 승무원은 웃음을 잃은 기계와 같았다. 그런 중에도 우리 일행 중 유머가 있는 한 친구가 웃으면서 농을 건네자 그녀도 결국은 웃어버리고 풀어진 기억이 난다. 사회주의 틀에 박혀 살면서 승객에 군림하는 승무원이었기에 그랬을 것이다. 나는 란저우 역에서 열차 출발 3분 전에 승무원이 개찰구를 닫고 잠가 버리는 바람에 미처 들어오지 못한 승객들이 발을 동동 구르는 상황을 목격했다. 사회주의 체제하의 공무원이 얼마나 매정한 인간인가를 생각하게 하는 장면이었다.

　미국인 여행가 폴 데루(Paul Theroux)의 기행문이 생각났다. 1980년대 공산권이 무너지기 전 러시아와 몽고를 거쳐 유라시아 대륙을 기차여행하고 난 후, 그는 다음과 같이 썼다. "중국의 기차는 별로 좋지 않다. 화장실은 불결하고, 열차 내 스피커에서는 하루 18시간씩 구호와 마오쩌둥의 행진곡이 들려오고…. 차장은 독재적이고, 식당차에 가보았자 먹을 것이라고는 변변한 것이 없고…. 그러다가도 중국의 기차에서는 가끔 친절한 차장을 만날 수 있으며, 제비뽑기 같은 행운이긴 하지만 편안한 침대가 있었고, 이런 모든 것이 부족하다 해도 무엇보다도 항상 더운 물은 떨어지지 않는 것이 참 좋았다." (*Riding the Iron Rooster*, New York: Ivy Books, 1988)

이번에 우리가 탄 열차는 아주 정결하고 질서정연했으며 승무원도 얼굴에 미소까지 띠는 여유를 보여주었다. 배정된 침대는 깨끗했고 창가에는 꽃 한 송이와 철도 잡지를 꽂아 두었다. 2008년 베이징 올림픽을 앞두고 준비에 매진하고 있는 증거가 아닐까 싶었다. 중국은 하루가 다르게 달라져 가고 있었다.

베이징을 떠나 밤새 달려온 우루무치 행 특급열차가 시안에 도착한 것은 오전 8시 반. 밤새 열차는 베이징에서 대평원을 남하하여 정저우(鄭州)에서 황하를 따라 서진하여 왔다. 밤새 달리는 야간 침대열차이기 때문에 밖의 풍경을 전혀 가늠할 수 없었다. 어둠길에 뤄양(洛陽)을 지나 시안을 향해 달리던 열차가 한동안 황하와 나란히 달리면서 싼먼샤(三門峽)라는 황하 협곡을 지나 왔을 터인데 어두워서 강을 구

베이징-우루무치 간 기차의 식당칸

경하지 못했다. 시안에 접근하면서 날이 밝자 차창 밖으로 전개되는 풍경이 시야에 들어왔다. 평편한 농촌 풍경이다.

황하유역은 중국 문화를 탄생시킨 곳이며, 뤄양과 시안은 한민족이 통일국가를 이루고 중국 문화를 꽃피운 곳이다. 낚시꾼을 강태공이라고 부르는 것은 고사에서 유래한 것이다. 은(殷)나라를 격파한 주나라 문왕(文王)이 위수에서 낚시질을 하고 있던 태공을 만나면서, 오랫동안 바라던 전략가요 유능한 신하를 얻은 데서 유래했다.

내가 몇 년 전 시안을 처음 방문했을 때 받은 강렬한 인상은 황토지대 위에 뿌연 안개 노을에 덮인 가운데 끝없이 펼쳐지는 농토 평원이었다. 시안은 남쪽에 친링(秦嶺) 산맥을 등지고 앞으로는 황하의 지류인 위수(渭水)가 흘러 농사짓기에 알맞은 환경이다. 1964년 친링 산맥 밑 란티안(藍田, Lantian—시안 시의 한 지방) 지구에서 60만 년 전의 원인(猿人, Lantian Ape Man) 유골이 발견되었고, 근처 반포(半坡) 지구에서는 신석기 유적이 발견되었다. 이는 황하문명인 양사오 문화(仰韶文化—후난성 양사오촌에서 발견된 신석기문화)와 맥을 같이하는 유적으로 판명되어 한(漢)문화의 발상지로 꼽힌다. 양사오 유적과 반포 유적에서는 조(粟)와 피(millet)를 비롯하여 채색 도기가 발견된 것으로 보아, 한족이 일찍부터 이 지역에서 농사를 지으면서 부족으로 성장했고 중원을 지배하는 강력한 왕권이 등장한 것으로 보인다. 황하유역과 그 지류인 웨이허(渭河) 지역에서 한족이 부족국가 은·주(殷·周)로 시작해서 전국시대를 거쳐 진·한(秦·漢)과 같은 통일국가로 나타난 것이다.

　19세기 말 베이징 남쪽 500킬로미터 지점, 허난성 안양(安陽) 근처 한 마을의 농부들은 밭을 갈 때 가끔 이상한 뼈조각을 줍곤 했다. 이 골편에는 글자가 새겨진 골편도 있었는데, 신기하게 생각한 농부들은 이를 안양시에 가져 나가 팔았다. 약방에서는 이를 분말을 만들어 회춘의 묘약 '용골(龍骨)'이라고 해 판매하였다고 한다. 이것이 학계에 알려지면서, 1928년부터 대대적인 발굴이 시작되어 1935년까지 이어졌다.

　이 일대에서 가로 1천 미터, 세로 6백 미터 궁궐터에, 상나라 왕릉 묘를 비롯하여 80여 개 이상의 건물 기단이 발견되었다. 또 다수의 청동기 유물과 공예품, 갑골문자가 발견되어 사상과 사회 조직 등의 문화를 일목요연하게 알 수 있게 되었다. 이것이 바로 은허(殷墟)라는 청동기시대(商나라-기원전 1300-1046) 유적이다. 지금이 자리에는 은허박물관이 들어서 있다. 이 유적은 문화적 가치가 높아 2006년도 세계문화유산으로 지정되었다. 여기서 나온 건축 양식은 이후에 중국 건축의 원형이 된 궁궐 유적으로, 가장 오래된 건축문화재에 해당된다.

　중국의 가장 오래된 농경유적은 황하유역 허난성 양사오촌 유적에서 발견되었다. 약 6천 년 전의 신석기시대 유적으로 여기에서는 돼지를 사육하고 조와 피가 재배되었던 흔적이 발견되었고, 마제석기와 채색된 도기(陶器)도 발견되어 이를 양사오 문화라고 일컫는다. 또한 1950년대에는 시안 근처 반포촌(半坡村)에서도 신석기시대 유적이 발견되어 양사오 문화를 뒷받침해 준다. 이러한 문화유적은 간쑤성과 산둥성 등 황하유역에서도 다수 발견되어 광범위한 황하문명을 보여준다.

중원을 차지하고 통일국가를 이룬 한족은 자기 민족 이외는 전부 문화가 없는 야만 오랑캐로 보았다. 농사를 지으려면 한곳에 정착하여야 하고 거두어 들인 곡식을 저장하여야 한다. 자연스럽게 부가 축적되고 인구가 늘어난다. 외부의 침입을 막기 위해 힘 있는 자가 나타나서는 사람들을 조직하여 군대를 만들 필요가 생긴다. 농사와 안위를 기원하기 위해 제사를 담당하는 사제가 생기고 제례를 지내기 위한 예(藝), 기구를 만드는 기(技)가 생긴다. 이렇게 해서 이제까지 보지 못했던 정교한 문화의 탄생을 보게 된다. 축적된 문화를 가진 농경민이 유목민을 얕잡아 보는 것은 어쩌면 당연할지도 모른다.

은·주 시대가 끝나고 중국은 춘추전국시대를 맞이하는데, 이는 도시 간의 동맹의 시대로 보는 것이 타당하다고 보는 학자가 많다. 이때부터 평원에 살던 한족과 황하 이북의 사막의 초원지대에 살던 유목민족 간에는 끊임없는 영토 싸움을 지속하였다. 황하유역에서는 춘추전국시대의 유물이 시가지 구축이나 도로건설 현장에서 자주 나온다고 한다.

2007년 가을, 우리는 산둥성의 태산 (泰山)과 취푸(曲阜)의 공자 유적을 탐방하고 귀국하면서 칭다오(青島) 공항으로 가는 도중, 쯔보(淄博) 근처 고속도로 도로변에 있는 쯔보 중국고차박물관으로 안내를 받았다. 들어가 보니 고속도로

산둥성 중국고차박물관

바로 밑인데, 노(魯)나라 시절 왕족의 능으로, 당시에 순장한 말의 유골과 수레가 다수 전시되고 있어 신기했다.

진(秦)왕 정(政-나중에 시황제가 됨)은 춘추전국시대를 끝내고 천하를 통일했다. 진은 서북쪽에 위협 세력인 흉노를 쳐서 오르도스 지방(황하의 만곡부) 이북으로 몰아내고 여기에 만리장성을 쌓기 시작한다. 이는 중국 최초의 통일국가를 의미하며, 귀족정치에서 전제군주와 관료정치로 이행하는 과정을 의미한다. 사료에 의하면 진왕의 선조 비자(非子)는 원래는 변방의 서술(西戌)이라는 오랑캐 계통으로 말을 잘 길러 주왕(周王)에 상납한 공적으로 '진(秦)'이라는 토지를 받아 제후가 되었다고 한다. 그는 중원을 통일하고 동쪽으로 한족의 지배를 공고히 하기 위하여 산둥 지방까지 진출한 후, 태산에 올라 제사를 지내고 스스로 시황제(始皇帝)라 칭했다. 태산은

시안(西安) 성문

중국의 오악(五嶽)의 하나로 신성시되고 있다. 기원전 221년 천하를 통일한 진시황은 강력한 중앙집권국가를 만들기 위해 처음으로 진이 장악한 전 지역에 군현제(郡縣制)를 실시하여 지배를 강화하였다. 그리고 그때까지 제멋대로 쓰여 오던 한자(漢字)의 자체(字體)를 예서체(隸書體)로 통일하고, 화폐를 통용시키는 등 통일국가로서의 면모를 갖추었다. 지금 우리가 쓰고 있는 중국의 영문 명칭 차이나(China)는 원래 '진'이라는 국명이 인도를 거쳐 서방에 전달된 것이다.

아침 8시 반, 시안(西安) 역에 도착하였다. 시안은 명나라 때부터 부르기 시작한 이름으로 옛 이름은 장안(長安)이다. 서역의 안녕을 도모한다는 의미이다. 장안은 한고조 유방(劉邦)이 한의 지배가 오래 가라고, 장치구안(長治久安)을 줄여 장안이라고 한 것이다. 장안은 기원전 9세기 주(周)나라 때 시안 부근에 정도한 적이 있었는데, 진(秦, BC 246-206), 전한(前漢, BC 202-AD 8), 후한(後漢, AD 25-220)을 거쳐, 후한에서 삼국시대 약 4백 년은 5호16국시대, 수(隋, 589-618)와 당(唐, 618-907)에 이르기까지 천 년 동안 역대 중국의 왕도였다. 당도 진과 마찬가지로 유래를 따지고 보면 북방 유목민 계통의 혈통을 가진 왕조였다. 중국의 역사가 진인각(陳寅恪; 1890-1969)의 저술에 의하면, 당 왕실의 계보가 선비족 출신의 유목민이었다고 하는데 당고조 이연(李淵)의 조부 이호(李虎)는 선비족의 왕국 서위(西魏)의 대장군

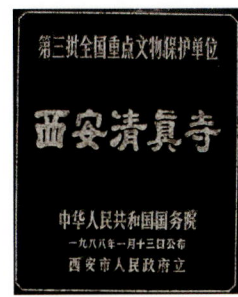

시안의 이슬람 교회
청진사

으로 다름 아닌 북방 유목민족 출신이었다는 것이다. 시안의 또 한 가지의 사건은 1936년 12월 12일 시안 주둔 공산군 토벌사령관 장쉐량(張學良)은 국공내전(國共內戰-장제스의 국민당과 마오쩌둥의 공산당과의 내전)을 독려하기 위해 시안을 방문한 장제스를 화청궁(華淸宮-양귀비가 쓰던 궁실)에 감금하고 내전 종식과 거국일치 항일(抗日)전쟁을 요구한 이른바 시안사건이 일어난 곳이다.

시안 교외에는 석기시대와 역대왕조의 유적이 그득하게 남아 있다. 그 중에도 진한대(秦漢代)의 유물 진시황병마용박물관(秦始皇兵馬俑博物館)은 압도적이다. 병마용이라 함은 흙으로 빚어 가마에 구은 병사와 말을 가리키는데, 진시황 사후에 그의

시안의 상징적인 건물인 시안중러우.
높이 36m, 면적은 1,377.4㎡ 규모로
중국 내의 종루 가운데 가장 규모가
크고 보존상태가 양호하다.

무덤을 지키기 위해 대규모 근위군단을 지하에 묻었다. 1974년 우물을 파다가 우연히 발견된 병마용 갱(坑)은 아직도 발굴이 계속되고 있는데, 1987년 세계문화유산으로 등재되었다. 지금까지 발굴 연구한 결과. 구워 낸 실물 크기의 군사는 무려 8천 개나 되고 병졸들의 얼굴은 모두 각기 개성이 있는 실제 인물이라고 한다. 이곳에서 약 1킬로미터 떨어진 곳에 진시황은 살아 생전에 아방궁(阿房宮)을 지었다.

병마용

들판에 수만 평 넓이에 건립한 진시황릉은 멀리서 보면 작은 동산처럼 보이는데 봉분의 높이가 80여 미터, 둘레 2킬로미터의 방대한 능묘로서 이중의 외성을 쌓아 놓았다. 진시황릉 봉분 위로 계단을 만들어 놓아 올라가 볼 수 있다. 아직 발굴을 시도한 일이 없어 그 규모를 알 수 없으나 사마천(司馬遷)의 『사기(史記)』에 의하면 지하에는 수은으로 가득 채운 백천(百川)과 대해(大海)를 만들어 놓아 후세 사람들이 함부로 접근하지 못하도록 했다고 한다. 몇 년씩 걸려 이것을 만드느라고 재정은 얼마나 지출했으며, 인력은 또 얼마나 동원했었는지 가늠하기 힘들지 않다. 적어도 수십만 명이 동원되었을 것이니 절대 권력자의 위세와 오만이 어떠했을지 짐작이 간다. 우리가 아는 '문서 전적을 불태우고 유학자를 다수 학살했'는 분서갱유(焚書坑儒)는 진시황의 극단적이고도 독재적인 문화정책의 한 단면일 뿐이다.

진이 기원전 206년 멸망하고 난 다음에 역사는 바뀐다. 전한(前漢)대에 이르러, 오르도스 지방과 치롄 산맥 북부에 살았던 흉노족 가운데 묵돌선우(冒頓單于−선우는

진시황 병마용박물관

진시황 병마용박물관

흉노말로 왕이라는 뜻이라 함)라는 걸출한 인물이 나타나서 월지(月氏)국을 쳐서 서역(지금의 신장웨이우얼 자치구 이리 강 부근)으로 쫓아 버리고 오르도스 지방을 지배하게 되었는데, 강대해진 흉노는 한에게 심각한 위협적 존재가 되어 버렸다. 한나라 고조(高祖)는 대군을 이끌고 하서회랑 방면으로 북벌을 시도하는데 흉노군에 포위되어 간신히 화를 피하고 나서, 흉노를 형님의 나라로 받들기로 하고 화친을 맺어 매년 많은 양의 비단과 곡물을 바친다. 또한 한은 왕실녀 왕소군(王昭君−현재 내몽고 후허하오터에 묘소가 전해져 온다)을 흉노 왕에게 시집보내는 굴욕적인 정략결혼을 하지 않으면 안 되었다. 이후 한무제는 고비사막 북쪽 초원지대에서 서역으로 이주한 월지(月氏)의 힘을 빌려 흉노를 협공하려는 마음을 먹었다.

믿지 못할 것이 역사서인지 모른다. 우리가 동양사에서 늘 인용하는 중국의 역사서는 강대국의 입장에서 기술한 것으로 자기네들의 아전인수 격인 기록이 너무나도 많다. 역사적으로 오랑캐와 구별되는 중국이란, 한(漢)대에 오르도스 지방을 제외한 섬서성−산시성−허난성 황하유역과 산둥성에 이르는 길고 좁은 지대에 한정되었었다. 중국어의 어원은 타이(Thai) 계통이던 어족의 표의문자인 한자로, 북방의 유목민족과 끊임없는 접촉을 통하여 중국어의 기초가 형성되었다. 어쨌든 이런 역사적 경위로서 시안 주변에는 중국의 역사유적이 즐비하다. 지금 시안 근교 셴양(咸陽)에서는 한대(漢代)의 능묘와 당대의 대명궁(大明宮) 발굴이 한창이다. 관중(關中)평원의

한나라 제왕릉 발굴 현장

중심부에 위치하여 남으로 친링 산맥을 뒤로 하는데, 고도 시안에는 한의 무제, 곽거병, 당의 태종, 측천무후, 양귀비 등 역사상의 인물들에 대한 무수한 사실과 이야기를 남겨 놓았다.

당나라 시절 장안 도성은 동서남북 10킬로미터의 거대한 도시로 대명궁을 중심으로 하는 바둑판과 같은 도시계획으로 건설하여 인구 약 1백만을 헤아렸다. 아시아 여러 나라는 물론 멀리 서역·중동·아프리카에서도 교역과 유학을 위해 오가면서 외국인 인구도 수만을 헤아린 당시 최고 선진 개방사회였으며 최대의 국제도시였다. 신라와 일본에서 조공사절인 견당사(遣唐使)를 파견하여 문물을 배워 갔고, 많은 승려가 이곳에 와서 수도하는 문회도시였다. 나중에 당이 쇠약하여 몰락하게 되는 계기가 된 안녹산(安祿山)의 난의 장본인은 황후의 총애를 받은 이란계 소그드(Sogt)인이었다.

당이 지배하던 때가 실크로드의 최성기였다. 시안에는 무수한 불교유적이 있지만 자은사(慈恩寺)에 있는 45미터 높이의 전탑(塼塔) 대안탑(大雁塔)은 당나라 때 지은 것으로 현장(玄奘)법사의 업적과 관련 있는 역사유적이다. 대안탑은 현장법사가 가지고 온 서역의 불경을 수장 관리하기 위해 세운 것이라 한다. 입축구법승(入竺求法僧) 현장은 629년 실크로드를 가로질러 파미르 고원을 넘어 인도에 들어가 16년을

당나라 대명궁 모형

자은사에서 만난 승려   자은사에서 불공을 드리는 신자들

인도에서 수도한 다음 645년 돌아와 『대당서역기(大唐西域記)』를 남겼는데 서역 110
여 개 나라의 정세를 적어 귀중한 역사자료가 되었다. 그는 돌아오면서 불경 600여
부·불상·불화·사리 등을 가지고 들어와 자은사에 수백의 학승을 모아 놓고 역경(譯
經) 사업을 하여 불멸의 업적을 남긴다. 그가 범어(梵語)에서 한역한 『반야심경』은
한국과 일본에서 지금도 쓰이고 있다. 황혼 무렵에 찾은 이 절에서 목격한 서역승과
같이 보이는 승려가 불도와 담소를 나누는 정경은 서역과의 교류를 아직도 웅변해
주는 것 같았다.

　당대의 장안에는 신라방(新羅坊)이 있었다고 하며, 신라와 관련된 유적이 제법 있
다. 안강현(安康縣) 부근의 신라사터, 그 유명한 혜초(慧超)의 유적이 있는 선유사

자은사 대안탑과 현장법사 동상

(仙遊寺), 최치원(崔致遠)의 흔적이 있는 천복사(薦福寺) 등이 남아 있다. 산시성 역사박물관에 소장되어 있는 장희태자묘(章懷太子墓)의 〈예빈도(禮賓圖)〉에는 외국 사절의 모습이 보이는데 이 중에 조우관(鳥羽冠)을 쓴 인물은, 이 그림이 그려진 시대적 배경으로 보아 신라인임에 틀림없다고 한다. 백제와 고구려를 멸망시킨 당은 왕을 비롯한 수만 명의 포로를 당으로 끌고 와서 여러 곳에 분산 수용하여 고구려촌과 백제촌이 생겨났다. 이 중에 한 사람이 하서도호부에 근무하게 된 고선지(高仙芝) 장군의 부친일 것이다.

동양 삼국(한·중·일)의 탑을 비교해 보면 중국에는 전탑(塼塔)이 많고, 한국에는 석탑이 많으며, 일본에는 목탑이 많다. 전탑이 많은 중국의 경우 황하와 황토지대에 입자가 고운 황토가 퇴적되어 있기 때문에 벽돌의 재료가 풍부했던 것이다. 한국에서도 불교가 처음 고구려를 통해 건너올 무렵에는 전탑 축조 기술이 함께 건너왔을 것이고, 그 대표적인 예가 경주 분황사의 모전(模塼-바위를 잘라 만든 벽돌) 석탑이다. 한편 화산지대가 많은 일본에서는 돌의 질이 좋지 않고 벽돌을 만들 재료도 많지 않았으므로 그 대신 풍부한 재목을 이용한 목탑을 짓게 된 것이다. 호류지 5층목탑을 비롯해서 목탑이 많은 것이 특징이다.

시안 비림(碑林)박물관에는 당·송(宋)나라 때의 옛 비석이 많이 보존되어 있지만 그 중에도 눈에 띄는 것은 781년에 건립한 대진경교유행중국비(大秦景教流行中國碑)라는 비석이다. 대진(大秦)은 로마를 뜻하며, 경교(景敎)는 초기 기독교의 한 교파로서 5세기에 이단으로 선고된 콘스탄티노플의 주교 네스토리우스가 주창한 그리스도교 일파의 중국식 명칭이다. 중국에는 7세기 페르시아를 거쳐 들어왔다고 하며, 당나라 수도 장안에 도착하여 선교한 데서 비롯되었다. 당대 번성했던 대진경교는 원(元) 말기에 완전히 소멸한 것으로 보인다.

지금 시안의 성곽은 명대에 지은 것으로, 당의 성곽보다 훨씬 적은 규모이지만 아직도 규모가 대단함을 실감할 수 있다. 성곽 둘레 14킬로미터, 높이 12미터 성곽 위의 회랑은 12미터 폭으로 소형 자동차가 왕복할 수 있는 너비로 만들어져 있는데 성벽으로 올라 전동차로 관광할 수도 조깅할 수도 있어 명소가 되어 있다. 시안 성 한가운데 관광명소가 된 종루(鐘樓)가 있는데, 한낱 지방도시의 종루인데도 그 규모는 엄청 크다. 아래에는 넓은 도심공원이 조성되어 있었는데, 현재 공원 밑에는 커다란 쇼핑센터가 조성되어 있고 이용하는 사람도 많아 보였다. 중국 서부 현관도시 시안은 인구 700만의 거대도시이지만 여기를 베이징 다음가는 거점도시로 개발하려는 움직임이 뚜렷하게 보인다. 경제 발전의 중심을 지금의 베이징에서 광저우(廣州)에 이르는 황해 벨트 지역에서 내륙으로 확장시키려는 의도일 것이다.

시안 종루 북편에 대청진사(大淸眞寺)라는 이슬람 사원어 있다. 언뜻 보면 불교

시안의 이슬람 사원 청진사 앞

민속음식을 조리중인 위구르족 여인

사찰처럼 보이나, 불상과 같은 종교 조형물은 없고 중간에 팔각형으로 된 건물이 성심루(省心樓-예배를 불러 모으는 건물)가 눈에 띈다. 제일 뒤편에 있는 예배대전은 1천 명을 수용할 수 있다고 하는데 이슬람교도가 아닌 나로서는 안으로 들어갈 수가 없었다.

모스크 인근은 위구르족 마을로, 흰 모자를 쓴 남자와 흰 차도르를 쓴 여자들이 여기저기서 토산품과 향료를 파는 가게가 즐비하고 양고기 굽는 냄새가 그득하다. 이슬람교가 장안에 들어온 것은 이미 당 현종 때(651년)이고, 사원의 축조년대는 742년이라 하니, 이슬람교는 일찍이 중국에 들어와 정착한 셈이다. 현재 중국에는 1,400만이 넘는 이슬람교도가 있는데 대부분 시안을 비롯해 서북부(신장웨이우얼자치구)의 회족과 위구르족이 대부분이라고 한다.

시안부터 산악지대로 접어드는 길을 낮 시간에 밖의 풍경을 보며 여행하게 되어 참으로 다행이다. 웨이허(渭河) 평원 풍경이 강태공이 위대한 전략가를 만나기 위해 낚시질을 하던 곳이라 생각하기는 어려워 보인다. 지금 이 흙탕물에는 물고기가 없다고 한다. 이 지역이 중국 문명을 싹틔운 곳이라는 사실이 믿어지지 않았다. 여기서부터 산시성·섬서성·간쑤성 및 내몽고 남부로 황토지대가 전개된다.

황하 만곡부 유역과 텡거리(藤格里) 사막 남단은 황토지대이다. 즉 친링(秦嶺) 산맥 북쪽의 산시성(山西省)·섬서성(陝西省)·간쑤성(甘肅省)의 일부와, 닝샤회족자치구(寧夏回族自治區)의 고비 사막 바로 바깥에, 퇴적량 수십 미터에서 백 수십 미터 두께의 황토층으로 이루어진 황토고원이 있다. 황토고원의 면적이 60만 제곱킬로미터라니 한반도 면적의 거의 세 배가 된다. 이 지방의 강우량은 연간 고작 50밀리 정도이다.

황토지대는 이웃 고비 사막에서 수만 년 동안 불어 온 고운 모래가 퇴적되어 생겼다. 모래가 쌓여 생긴 것으로, 사막과 별 차이가 없으나 바람에 날려 온 모래이므로 입자가 매우 곱고 토양의 영양분도 풍부하다. 최초로 중국의 황토층을 조사 연구한 리히트 호펜(실크로드를 처음 명명한 독일의 지질학자) 박사는, 황토층은 흐르는 물에 의한 퇴적층이 아니라 세월과 바람이 몰아와서 오랜 동안에 걸쳐 이루어진 퇴적층이라고 연구 발표하였다. 바람에 날려 온 모래가 바람이 약해지는 분지나 계곡에 쌓이면서 모래산, 언덕 그리고 계곡분지를 만들었다. 바람에 날려 온 황토고원의 모래층은 아주 고운 밀가루 같다. 이런 황토층을 '뢰스(loess)'라고 한다. 황갈색을 띠고 풍화를 잘 받지 않으며, 여기에 빗물이 흘러들면서 모난 수직 벽면을 만든다.

농사짓기 힘든 황하와 황토고원에서 농경이 시작되고 황하문명이 싹텄다는 것은

아이러니이다. 인류의 문명은 왜 주로 건조지대에서 발생하였을까? 이에 대한 대답은 메마른 황토고원을 뚫고 흐르는 황하유역을 두루 보았을 때 대답을 얻을 수 있었다. 농사는 땅과 물과 햇빛만 있으면 된다. 비가 거의 없기 때문에 일조량이 풍부하여 곡식과 채소와 과일이 잘 자란다. 강 유역은 물을 끌어들이면 농사를 지을 수 있다. 반면 왜 울창한 숲이 있는 아마존이나 동남아시아에서는 농경문화가 일찍이 싹트지 않은 것일까? 대답은 고대 인간의 능력이 밀림지역의 울창한 거목과 맹수·해충에 대하여 효과적으로 대항할 능력이 없었기 때문일 것이다.

인류 최초로 농사가 시작된 곳은 지금으로부터 약 8천 년 전 이른바 '초승달(crescent)' 지역으로 불리는 메소포타미아 유프라테스 강 유역으로 알려져 있다. 어떻게 여기서 시작되었는지 잘 알 수 없지만 그후 나일 강 유역, 인더스 강 유역 그리고 황하유역에서 농사가 시작되었다. 이런 농사 기술이 '초승달' 지역에서 전파되었는지 독자적으로 일어난 것인지는 잘 알려지지 않았다. 농사는 동물의 가축화와 거의 동시에 일어났을 것이라는 것이 정설이다.

인류는 타제(打製)석기(구석기시대)에서 마제(磨製)석기(신석기시대)로 이전한다. 이 무렵 우연인지 인간이 의도적으로 공을 들여서인지 모르지만 소·양·개·닭과 같은 동물을 가축화한다. 지구의 기후가 건조하게 되자 초식동물은 인간의 서식지 근

황토지대

처에 먹을거리를 기웃거리고 사람들이 먹이를 던져 주자 소·돼지·양·닭과 같은 동물이 사람들을 따라서 이동하였을 것이라고 학자들은 추정한다. 신석기시대로 넘어오면서 사람들이 야생 보리와 귀리를 훑어 씨알을 까서 먹었다. 먹다 남은 알곡이 다음해 그 자리에서 다시 싹이 돋아나는 것을 본 인간이 종자를 파종하는 지혜를 터득하여 농사가 시작된 것이라고 연구자들은 추정한다. 한곳에 정주하면서 농사를 짓게 되면 마을을 이루어 주택을 짓는 기술, 도구를 만드는 기술이 발전하게 된다. 소와 가축의 힘을 농사에 이용하면서 인간은 훨씬 강한 노동력을 농사에 이용할 수 있게 되었다. 또 생산성의 향상을 가져오면서 먹을거리가 풍부해지고 부(富)가 축적되었다. 늘어난 인구와 부가 부족 또는 도시국가를 형성하게 되고, 인근 부족들과의 경쟁과 투쟁과 지배를 통하여 규모가 커지면서 국가를 형성해 가며 역사는 오늘에 이르렀을 것이다.

황토고원에서 수확한 옥수수

학자들의 연구에 의하면, 황하문명이 싹트고 번성할 무렵 황토고원 일대의 대부분이 숲으로 덮여 있었다고 한다. 한대 이후 철기문명이 들어오면서 숲의 나무를 제철용으로 벌채하여 산림을 황폐시켰다는 주장도 있다. 또 생명력이 질긴 사막의 풀을 걷어 버리고 농사를 지었으니 처음 몇 해는 영양분 많은 농토에서 농작물이 잘 자랐는지 몰라도, 수년간 비가 오지 않거나 관개가 힘들어지면 작물이 거센 모래바람에 대응하지 못하고 말라 죽는다. 그 위에 모래가 쌓이고 모래언덕만 늘어 가고 토양은 점점 메말라 갔다. 비로 젖었다가 굳어진 표토는 단단하기 그지없어, 농지는 초원을 거쳐 황폐화되고 끝내는 사막화되었을 것이다.

넓은 사구(砂丘)와 평원에서는 사막 특유의 식물 낙타풀이나 타마리스크가 모래가 날리는 것을 방지해 주었다. 타마리스크는 사구에 쌓이는 모래를 뚫고 성장하는 강인한 생명력을 지닌 식물로서 지상에 보이는 나무가 1미터 정도라면 땅속으로는 몇 미터 또는 10미터 이상 물이 있는 곳까지 뿌리를 내리는 생명력이 강한 식물이다.

타마리스크와 개념도

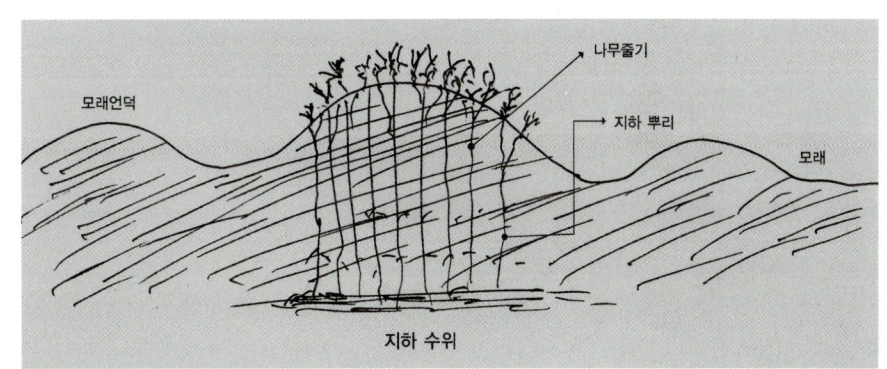

황토고원은 한발과 자주 몰아치는 모래폭풍의 횡포를 감내하면서 생겨난 것이다.

역대 왕조는 많은 수의 한족 농민을 황토고원과 사막으로 이주시켜 농사를 짓게 하였다. 옛날에는 왕조가 지역 방위를 위해 군대를 둔전(屯田)시켰는데, 현대 중국 정부는 정략적으로 농민을 입식(入植)하고 있다. 최근 간쑤성 민근현(民勤縣) 한 마을에 모래가 쌓이고 사람들이 살 수 없게 되자 할 수 없이 퇴거시키고 폐촌하는, 사막화의 사례도 있었다.

점진적이고 지속적인 기후의 변화가 사막 황폐화의 주범일 것이다. 그렇지만 많은 학자들은, 옛날 초원이었던 광대한 지역이 먼지만 날리는 황무지로 변해 버린 데에는 무리하게 농토를 확장하면서 나무를 베어 버린 인재(人災)도 한몫했다고 주장한다. 최근에는 황토고원과 몽골의 사막화가 빠르게 진전되어 사막은 늘어만 가고 있으며, 황사 피해는 증대되어 우리나라와 일본까지 심각한 영향을 받기에 이르고 있다.

재미있는 가설 하나를 소개하려 한다. 일본의 시바 료타로(司馬遼太郎, 1923-1996)는 중국과 몽고문화에 대단히 조예가 깊은 소설가·문장가인데, 그의 "수목과 사람"이란 강연 중에 이런 내용이 있었다. 옛날 황하유역에는 울창한 산림이 덮여 있었는데, 한(漢)나라 무제 시절(BC 2세기) 철을 만들어 무기와 농기를 생산하기 위해 대대적인 산림 벌목이 있었고, 이러한 자연파괴가 황하의 산림을 없애 황무지가 되었다는 것이다. 좀더 구체적으로 말하면, 당시까지 우위에 있던 흉노 유목민족의 군대는 청동 화살을 썼는데, 철제 화살을 쓰는 한나라 군대를 당해낼 수 없었다. 결국 흉노는 한에 의해 오르도스 지방에서 밀려나 자취가 없어진 것이다.

산림이 없어진 중국은 이후 과학기술 분야에서 (유럽과 비교하여) 침체상태를 이어왔다. 무제 때 채택한 유교는 '옛 것은 존귀하다'라는 '정돈(停頓)의 사상'으로 인하여 중국문명이 18세기까지 잠자기를 계속해 온 것이라는 것이다. 또 하나 중국이 저지른 실책은 중국인민공화국이 생긴 후 초원지대인 내몽고 지방에 한족 이민을 장려하고 이들이 대대적으로 농지를 개간함으로써, 단단한 땅 위에서 자라던 잡초는 없어지고 경작으로 생긴 푸석푸석한 흙이 작열하는 태양으로 인해 더욱 건조해진 후에 계절풍을 타고 황해를 건너는 황사를 일으켰다는 것이다. 지금은 베이징 부근까지 사막화가 지속되고 있다.

철도로 시안에서 류판산을 올라 란저우로 가는 길에서 황토고원을 관찰할 수 있었다. 황하유역을 따라 나란히 가던 철도는 뤄양(洛陽)을 지나 퉁관(潼關)에서 황하와 작별하고, 황하의 지류인 웨이허(渭河)와 나란히 시안 방향으로 서진하다가 산맥을 넘어 란저우로 향한다. 나의 여행은 베이징에서 시작했으니 황하를 거슬러올라

황하유역의 룽완촌(龍灣村)

가는 모양이 됐다.

황하는 칭하이성에서 발원하여 란저우로 흐르다가 굴호(屈昊) 산지와 류판(六盤) 산지에 가로막혀 범(凡)자를 그리며 북상하여 내몽고까지 가서는 인산(陰山) 산맥에 막혀 다시 방향을 동으로 틀어 내몽고 대평원을 가로질러 흘러가다가 다시 여량(呂 梁) 산지에 부딪쳐 남으로 흘러내린다. 천 킬로미터 이상을 흘러 몇 개의 협곡을 지 나 퉁관에 이르러 친링(秦嶺) 산맥이 가로 막으면, 다시 동쪽으로 틀어 허난성과 산 둥성을 빠져 황해로 흐른다. 황해의 이 만곡부(彎曲部)를 오르도스 지방이라 하며, 사막·초원으로 이루어져 있다. 오르도스 지방의 중간 허리에서 비스듬하게 동북 방 향으로 만리장성이 쌓여 있는데 여기를 경계로 농경 한민족과 북방 유목민족이 오 랫 동안 지배권을 확립하기 위해 처절하게 상쟁해 왔던 것이다. 이 지역은 한족이 제압하여 이제 완전히 한족의 영토가 되었고, 주민의 대부분이 한족이다. 기회가 있 으면 황하 오르도스 지방에 가보고 싶다.

둔황 여행을 마치고 란저우에서 중웨이(中衛))를 거쳐 인촨으로 가는 길에서도 황 토고원을 관찰하였고, 버스로 우웨이(武威)에서 텡거리(騰格里) 사막 남단으로 뻗은 만리장성 유적을 따라 징타이(景泰)현 황하석림(黃河石林)으로 가는 길에서도 관찰 할 수 있었다. 우웨이 부근에서는 그런대로 보리를 베고 거두는 모습을 볼 수 있었

장예 근처의 농촌

는데, 사막에 들어섰다 싶더니 마른 대지가 끝없이 이어진다. 간쑤성 일대에서는 황사 피해를 막아 보려고 방풍방사림(防風防沙林)을 조성하는 사업을 여러 군데서 목격하였다. 고원에는 비가 오지 않아 농사를 짓질 못한다. 황하석림은 오랜 세월 동안 빗물이 사력층(砂礫層)에 골을 내고 계속 깎아 들어가 기암괴석의 협곡이 생겼는데, 석림 위 고원은 아무것도 없는 황무지였다. 황하 물가까지 약 1백 미터 내리막길을 내려가니 푸른 벌판이다. 석림 아래와 강 건너에는 제법 큰 들판이 분지를 이룸으로써 농사의 젖줄이 되고 있으며, 영양분이 풍부한 수분이 이 일대를 곡식과 과일의 명산지로 만들어 주고 있다. 마을 이름은 룽완촌(龍灣村).

양가죽으로 만든 뗏목

　이곳의 황하는 문자 그대로 흙탕물이다. 사람들은 황하를 건너기 위해 예로부터 양가죽을 말려 사지와 목 부분을 끈으로 묶은 다음 입으로 바람을 불어넣어 양피주 (羊皮舟)를 만들었다. 그리고 이런 양피주 아홉 개를 나무 가래로 묶어 양가죽 뗏목을 만들어서 사람과 물자의 수송에 이용하는 천재적인 기법을 개발하였다. 우리는 양가죽 뗏목으로 황하를 거슬러올라간 다음 석림을 구경하고 그날 밤 부근 농가에서 민박하였다.

　또 다른 황토지대. 통관에서 황하를 따라 북상하면 진섬(晉陝) 계곡, 계곡을 지나

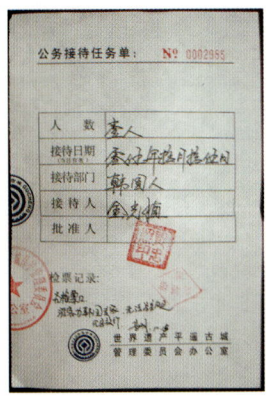
핑야오성 출입증

분수(汾水)와 만난다. 오르도스 지방 가장자리에 자리 잡은 타이위안(太原)은 산시성(山西省)의 성도(省都)로서 섬서성(陝西省)과는 황하를 경계로 한다. 오호(五胡) 시절에는 선비(鮮卑)족의 나라 북위(北魏)의 세력권이었는데, 5세기 초 북위 때 다퉁(大同)에 세운 윈강(雲岡) 석굴은 중국 3대 석굴로 꼽힌다. 산시성 한가운데를 흐르는 분수(汾水) 유역에는 비옥한 농토가 널려 있다.

핑야오(平遙)는 타이위안에서 멀지 않은 작은 도시인데, 명·청대 쌓은 성곽과 성안의 고건축이 아직까지도 잘 보존되어 있어, 1996년 세계문화유산으로 지정된 곳이다. 핑야오는 옛부터 이 지방 물산의 집산지로서 상업과 교역의 중심지로 번영을 누렸고, 중국 최초 근대적 개념의 은행업이 발달한 곳이다. 세계유산으로 보호되는 문화재는 구 도시를 둘러싸고 있는 성곽과 성 안에 있는 여섯 개의 사찰, 동헌(東軒) 건물 및 중국 전통은행 건물이다.

나는 2005년 시안 이코모스 총회에 참석하기에 앞서 핑야오를 답사했다. 타이위안에서 대절한 차를 타고 시원하게 뚫린 고속도로를 한 시간 남짓 달려 핑야오에 도착하였다. 맑은 가을날 황토고원의 들판은 아침햇살이 퍼지기 전에서인지 운무가 자욱했다. 시가지에 들어서니 메마른 땅에 먼지가 그득하고 주택은 낡았다. 핑야오성 문물관리사무소에서 방문 허가를 받고 성문 안으로 들어섰다.

핑야오성은 북위 태무제(太武帝) 때 즉 5세기 초에 지었다는 기록이 있으나, 현존

핑야오성 안의 저잣거리

핑야오성 안 도로

하는 핑야오 성곽은 14세기 축조된 것이라 한다. 우리나라 서울의 남대문과 같은 연대에 지어진 것이다. 성 둘레는 6킬로미터, 여섯 개의 성루가 달린 성문이 있고, 성곽의 높이는 10미터로 위에는 곳곳에 망루가 있는데, 폭 3-4미터의 연결도로로 이어져 있다. 면적은 약 2.5제곱킬로미터, 성 안에 제법 넓은 길과 골목길이 100개 정도 있다고 한다.

10월 하순 농사가 끝나고 겨울 갈무리가 한창이었다. 성문 앞 공터에는 상인들과 오가는 사람들이 바삐 움직이고 있었다. 성내에 들어가 보았다. 도로변은 깨끗하게 단장하였으나, 뒷골목과 가옥들은 낮은 생활수준을 대변하듯이 낡고 볼품이 없었다. 성벽은 계속해서 수리중인 것 같았으나 아직 손이 못 미치는 듯, 군데군데 성벽이 무너져 진흙이 그대로 노출된 곳도 많았다.

중심부 큰 거리에는 그 자체가 박물관이라 할 정도로, 요소요소에 고루 문묘와 사찰과 같은 보존 건물들이 자리하고 그 사이에는 상점들이 그득하다. 살아 있는 민속촌이었다. 사람들이 제각기 활동에 몰두한다. 중국 어디 가나 자주 보이는 풍경, 길가에서 땜질하는 사람, 목공일 하는 사람, 거리에서 머리를 감거나, 모여서 화투치는 노인들, 당구 치는 풍경도 보였다. 골목길 안 가옥을 살피는데 꼬마들이 호기심 어린 얼굴로 포즈를 취해 주었다.

성루와 성루를 잇는 성벽 위 길을 걸으면서 사진을 찍었다. 격자형 도로가 일목요

핑야오성 성루에서 바라본 시가지

연하게 보이고, 물결 모양의 고색창연한 건물 지붕들이 시야에 들어온다.

성 안 한가운데 종각과 같은 고루(鼓樓)가 있어 올라갔다. 4층짜리 가파른 계단을 올라가니 걸을 때마다 먼지가 펄럭거렸다. 높은 데서 바라보니 성 안 풍경이 일목요연하게 들어왔다. 세계유산으로 지정하기 전에 많은 건축물을 헐어 밖으로 옮겼다고는 하나 지저분한 현대식 건물들이 많이 보였다. 내가 둘러본 인상으론 세계문화유산으로서의 보존 상황은 흡족한 편은 아니었다. 성루에서 본 주변은 끝없이 평탄한 대지에 전체를 성곽으로 두른 성시(城市)였다. 나중에 찾아가 본, 교외에 있는 쌍림사(雙林寺)도 들판에 성벽으로 둘러싸여 있음이 특이했다.

이러한 들판의 도시 축조는 중국만의 전통인 것 같다. 자주 쳐들어왔던 유목민족의 침입에 대비한 전통일까. 그래서 중국에서는 도시를 성시로 표현하고 있는 것일까. 베이징도 얼마 전까지만 해도 성곽으로 둘러싸여 있었다고 하는데, 1970년대 들어 현대화의 물결이 성곽을 들어냈다고 한다. 얼마 전만 하더라도 중국 안에 이러한 성곽도시과 건축은 수없이 많았다고 한다. 지금 남아 있는 성곽도시는 핑야오·시안·카이펑·후베이성 강릉의 네 곳에 남아 있다고 한다. 이런 도시들은 중국의 전통적인 도시계획과 건축을 반영해 주고 있다. 하지만 현대화의 물결에서 처진 경제적으로 낙후된 옛 모습을 간직해 온 것이 오히려 역사적인 가치를 인정받아, 국가문화재로서 인정받고 나아가서는 세계문화유산으로 지정되는 역설적인 일이 일어난 것이다. 어디를 가나 세계문화유산지는 아주 높은 입장료를 받고 있다. 인류의 보편적 문화유산으로 지정된 이상 중국 정부는 이를 보존 관리하면서 일반에 공개해야 하는데, 내가 받은 인상을 솔직히 말한다면 자국의 문화재를 세계문화유산으로 지정되게 하여 홍보 효과를 누려 장사를 하는 느낌이다. 중국은 1980년대 세계유산조약에 가입한 후 정열적으로 문화유산 외교를 벌여 2008년 현재 37개의 유적을 문화·자연유산으로 지정시키는 성과를 올리고 있다.

　나무가 귀한 황토고원의 주거는 독특하다. 달리는 열차 안에서 보니 산허리에 굴이 자주 목격되었다. 산길같이 보이는 바로 앞에 많은 굴들이 보였다. 이런 풍경을 보면서 우리 일행은 "이게 무엇일까?"하고 매우 궁금해 했다. 나중에 알고 보니 사람이 사는 토혈(土穴)이라는 것이었다. 토혈은 사암(沙岩) 언덕에 그냥 굴을 파고 사는 주거이다. 황토는 파고 들어가면 공기와 수분이 접촉되면서 굳어지기 때문에, 천정이 무너져 내리는 일은 없다고 한다. 황토고원에는 이것말고도 요동(窯洞)이라는 반(半) 동굴 주거가 있다. 요동은 거주용 굴을 파고 내부 벽을 타일과 같은 재료로 마감하고 나서, 입구에는 인공의 아치나 전실(前室)을 세워 놓은 건축을 말한다. 토혈과 요동에 사는 인구가 4천만 명에 이른다고 한다. 황토고원에 쌓은 만리장성도 흙을 다져 만들었다고 하니 세월이 가고 보수를 하지 않으면 많이 무너져 내릴 것만 같았다.

황토지대에 널리 퍼져 있는 혈거(穴居) 건축은 중국에만 보이는 주거양식이 아니다. 터키에서 중앙아시아를 걸쳐 중국 황토지대에 이르는 광활한 지역의 사암 또는 사력(沙礫)지대에는 이렇게 단애(斷崖) 절벽이나 산허리에 굴을 파고 주거 또는 종교건축을 일구어 낸 곳이 많다. 도처에 수를 헤아릴 수 없을 정도의 석굴이 산재해 있다. 아프가니스탄의 바미안 석굴은 몇 년 전 이슬람 극단세력인 탈레반에 의해 폭파된 아까운 문화유산인데 이것도 절벽을 파서 만든 석굴이다. 중국의 3대 석굴이라

터키 카파도니아의 혈거

고 일컬어지는 둔황 막고굴, 윈강 석굴, 뤄양(洛陽) 룽먼(龍門) 석굴 모두 사암지대에 굴을 파서 일군 석굴 건축이다. 간쑤성 천수에 있는 맥적산(麥積山) 석굴은 산 하나를 아래에서 위까지 뺑 둘러 석굴을 백여 개나 파 놓은 불교 조각의 요람이다.

터키 카파도키아 지역에도 혈거가 즐비하다. 카파도키아 괴레메(Goereme) 국립공원은 세계자연유산이자 문화유산인데, 약 3백만 년 전 화산 폭발로 생긴 지역에 풍화작용으로 버섯과 죽순 모양의 돌출 괴석이 형성되어 드넓

황토고원 산기슭의 토굴

은 천지에 장관을 이루고 있다. 그런데 이곳 사암 바위는 견고하지 않아 끌과 망치만 있으면 쉽게 굴을 파고 사람들이 주거용으로 이용할 수 있다.

이 지역에는 2-3세기 기독교인들이 살았다는 거대한 지하도시도 있는데 지하 10층까지 벌집처럼 파고 들어간 지하 주거시설은 수용인원이 5천 명이나 된다고 한다. 초기 기독교인들은 종교적 탄압을 피하기 위해 지하도시를 건설하였다. 외부의 침입을 막기 위해 입구는 좁은 병마개처럼 만들어 은폐하였고, 그 안에는 숨어 지낼 수 있도록 주거는 물론 학교·교회·우물에 가축의 우리까지 완비되어 있어 완전한 지하도시를 이룬다. 근처에는 기독교 수도자들의 석굴사원이 널려 있는데 360개나 된다고 한다.

괴레메 지역에 가보면 지금도 석굴에서 사는 사람들을 많이 볼 수 있다. 그 모든 것이 비가 잘 안 오는 초목이 귀한 사력지대에서 살아가는 지혜일 것이다. 현재 터키 정부는 안전사고의 위험 등으로 인하여 동굴 거주를 억제하려고 지상에 아파트를 많이 지어 이주를 장려하고 있다고 한다.

바오지(寶鷄)를 지나 협곡으로 들어서면서 경치가 확 바뀌었다. 비행기로 이동할 때는 도저히 볼 수 없었던 경치이다. 이 일대가 황하문명을 싹틔운 중국 문명의 산실이다. 나무도 없는 막막한 황토지대, 황갈색 흙산이 나타나고 아주 어렵게 일구어낸 테라스식 밭이 보인다. 창가에 전개되는 황토지대 풍경은 사람 살기 힘든 곳으로 보였다. 너무 삭막하다. 도로가에 사는 사람들의 모습이 너무나 가난하다. 얼마 전 텔레비전 다큐멘터리에서 황토로 뒤덮인 산꼭대기까지 계단식으로 밭을 일구어 농사 짓는 모습을 본 적이 있는데, 바로 내 눈 앞에 그 모습이 나타났다.

기차는 해발 3천 미터쯤 되는 류판산(六盤山)을 향해 달리고 있다. 지형적으로 시안에서 서쪽으로 이동하면 란저우로 가기 위한 친링 산맥 줄기인 해발 3천 미터의 류판산 고원을 넘어 란저우에 도달하게 되며, 이곳에서 황하를 건너면 오초령(烏蕉嶺)을 지나 간쑤성의 중심축 길이 1천2백 킬로미터의 하서회랑(河西回廊) 지대를 빠져나가게 된다. 회랑은 남쪽의 높은 치렌(祁連) 산맥과 북쪽 불모의 고비 사막 사이 지대로서, 폭은 좁은 데가 십 킬로미터 정도, 넓은 데는 약 백여 킬로미터가 되는 사막 고원지대이며, 군데군데 치렌 산맥의 물이 흘러 오아시스를 만들어 주어 사막 속의 생명줄이 된다. 하서회랑의 끝이 자위관(嘉峪關)이고 여기에서 위먼관(玉門關)과 둔황을 거치는 광활한 타클라마칸 사막(위구르어로 탁기리-'주검,' 마칸-'넓다'는 의미로 '주검의 사막'이란 뜻)이 시작된다.

시안에서 란저우로 가는 철도가 개통된 것은 1950년인데, 신생 독립한 중화인민공화국이 구소련의 도움을 받아 건설한 것이다. 시안에서 란저우까지의 거리는 약 700킬로미터, 불과 6시간 남짓한 거리다. 이렇게 험준하고 메마르고 보잘것없는 광야, 그 옛날 대상과 구법승이 수개월에서 수년 걸렸던 엄청난 역사를 지니고 있는 길, 20세기 들어서서도 여러 날 걸리던 이 길을 지금은 불과 몇 시간에 통과하고 있는 것이다. 황갈색 산야가 따뜻하고 뿌연 겨울 안개에 가려 시야가 별로 좋지 않다. 침식된 단애층이 박력 있는 경관을 이룬다. 황토지대 특유의 단애가 다가오고 옆으로 달리다가 지나간다. 협곡에는 길이 나 있고 군데군데 사람들이 사는 집이 끼어 있다. 벌판이 나타나면 농경지도 보인다.

이스탄불에서 파미르 고원과 중앙아시아 곳곳을 거쳐 시안까지 실크로드를 4년 동안에 걸어서 주파한 베르나르 올리비에(『나는 걷는다-3』)는, 천축(天祝) 근처 해발 2,950미터 고개에서 비를 만났는데 길이 붉은 진창으로 변해 버려 걷는데 무척 고생했다고 적고 있다. 근대에 들어서도 철도가 개통되기 전까지 모든 사람들은 시안에서 실크로드를 따라 서역 국경까지 뻗는 312번 공로를 이용해야만 했다. 그것도 완성된 것은 1920년경인 모양이다. 그때까지만 해도 이 고개는 길이 험하고 산적도

많았다고 한다. 실크로드를 조직적으로 탐사했던 스웨덴 고고학자 스벤 헤딘은 류판산 고갯길을 넘으면서 무장한 군사들이 마을을 지키는 모습을 적고 있다.

란저우에 가까이 오자 황하가 다시 나타났다. 다시 만난 황하는 여전히 누렇다. 중국인들은 황하를 일컬어 '어머니 강'이라고 한다. 사막 고산지대 칭하이성(靑海省)에서 발원하여 흘러 내려오는 동안 황하는 깊은 협곡을 꿰뚫고 흙탕물을 만들고 토사를 하류에 날라 오면서 때로는 비옥한 농토를 만들어 주면서, 한족에게 이로움을 가져다준 은혜의 강이기 때문이다. 4천 미터가 넘는 티베트 고원 동토지대와 5천 미터가 넘는 치롄 산맥의 눈과 얼음이 봄철에 녹아 유량을 증가시킨다. 추운 겨울 얼었던 황토지대에서 녹은 물이 급류가 되어 흐르면, 얼어붙었던 유역이 범람하게 된다. 이따금 일어나는 집중호우로 다량의 황토가 강물과 같이 흘러내리면, 황탁(黃濁)하는 원인이 되기도 한다.

황하는 란저우에서 친링 산맥 줄기에 막혀 북상하면서 이른바 오르도스 지방을 거쳐 흐른다. 오르도스 지방이란 북쪽으로 흐르는 황하가 인산(陰山) 산맥의 남쪽 기슭에서 만곡하는 부분과 만리장성으로 둘러싸인 고원지대로 사막·초원으로 이루어져 있다. 오르도스란 내몽고 여러 부(部)의 하나인 오르도스부가 이곳에 목축지를 이룬 데서 연유한 것이라 한다. 한족의 진출에 따라 오르도스 주변의 수리 가능한 지역은 한족 농민이 투입되어 경작지로 개발되었다.

비행기에서 내려다본
치롄 산맥 아래의 농지

란저우는 황하가 처음으로 만나는 대도시이다. 란저우에는 황하가 만나는 큰 도시와 어울리게 '황하 제일철교(또는 中山橋-中山은 중국 근대화의 아버지 쑨원의 호)'가 가로 놓여 있어 시내에서 백탑산으로 편리하게 건너갈 수 있다. 20세기 초 독일인들의 기술과 원조로 세워진 현대적인 철교이다. 얼마 전까지 이 다리는 자동차 전용이었는데 지금은 인도교로만 쓰인다. 낙후된 서북지방을 발전시키고자 란저우를 집중 개발한 결과, 지금은 중국 유수의 공업도시가 되었다. 많은 인구를 유입하여 인구 400만의 대도시가 되었지만, 공업화의 대가는 란저우를 운무 짙은 공해도시로 만들고 말았으니 맑은 날보다는 뿌옇게 흐린 날이 더 많다.

강가에서 황하의 상징물을 몇 개 보았다. 중국인들이 황하를 어머니의 강이라고 여기듯이 '황하 모자상(母子像)'이 강가에 세워져 있었고, 양가죽으로 만든 뗏목도 보았다. 얼마 전까지만 해도 유역에 사는 사람들은 황하를 건너거나 물건을 운반하는 수단으로 양가죽에 바람을 불어 넣고 이를 여러 개 뗏목처럼 묶어서 배를 만들어 썼던 것이다. 그러나 지금은 황하의 한낱 구경거리일 뿐이다.

란저우에서 200킬로미터쯤 황하 상류에 있는 병령사(炳靈寺)를 찾아가 보았다. 병령사는 황하유역 단애에 세워진, 전위(前魏)시대에 세워진 석굴이다. 티베트-칭하이 고원지대에서 발원하여 여기저기서 지류를 흡수해 가면서 흘러오는 황하유역의

병령사 입구

세 협곡 중의 하나인 류자샤(劉家峽)에 수자원 이용을 위해 1967년 댐을 만들었다. 그래서 란저우에서 1시간 가량 자동차를 이용해서 류자샤까지 온 다음 배를 이용해야만 했다.

선착장에서 배를 타고 상류로 한 시간 가량 물살을 가르면서 구경한, 호수를 둘러싼 산야는 정말로 장관이었다. 협곡을 빠져나오자 폭이 10킬로미터 이상은 될 듯싶은 넓은 분지가 나타나더니 다시 폭이 좁아져 양 옆의 산이 가까이 다가오곤 했다. 배는 한 시간 가량 지나 우람한 산 사이 병령사가 있는 선착장에 우리를 내려 주었다. 댐의 물이 병령사 코앞에까지 닿아 있다.

자동차로 오던 연도 좌우의 산은 초목이 없는 헐벗은 산이었는데, 토사 유실을 막기 위해 많은 곳에 나무를 심고 사방공사를 해놓았다. 배로 구경하는 황하유역과는 너무나도 달랐다. 매우 삭막한 풍경이었지만, 물 위에서 보는 산야는 물가의 푸른 초지대와 멀리 있는 산, 비록 나무는 없지만 적색·황갈색·흑색을 띤 바위와 흙이 층을 이루고 섞여 있어서 한 폭의 그림 같았다.

병령사는 티베트어로 천불 또는 만불의 뜻이라 한다. 오래된 것은 서기 5세기 초에 세워진 것에서 비롯하여 계곡 단애에 4층으로 대소 180여 개의 석굴이 만들어졌는데 대부분이 당나라 때 만든 것이다. 그 중에 큰 것은 27미터 높이의 대불이 단연코 걸작이며, 이 대불 위 169호굴에 '서진건홍원년(西秦建弘元年; 서기 420)이란 제

병령사 소조 대불과 불상

기가 남아 제작년대를 알 수 있는 가장 오래된 석불로 알려져 있다. 대불은 말이 석불이지 실제로 보면 벼랑의 바위를 깎아내고 부처의 얼굴과 팔다리 모양을 나무로 엮은 다음 짚과 진흙을 이겨서 바른 조소 작품이었다. 우리나라 석불과는 근본적으로 다른 모습이다. 중국 도처에 이런 엄청난 크기의 기념비적 불교 조각품이 여기저기 남아 있다.

란저우에서 류판산을 넘어 오초령을 지나가면 우웨이(武威)에 이른다. 우웨이의 옛 이름은 량주(涼州)인데 한나라 때 흉노를 떨치고 우웨이를 세웠다는 의미로 붙인 정치적인 이름의 도시이다. 동분마(銅奔馬)가 출토되어 유명해진 한대(漢代) 장군 묘가 있는 뢰대(雷臺) 공원을 찾았다. 한대 묘는 1969년 공원을 발굴하다 후한 시대의 대형 묘를 발견하게 된 것인데, 유목민족 흉노와의 대결에서 한족의 승리를 말해 주는 상징물이다. 길이 20미터의 전(塼-벽돌)으로 만들어진 석실 3개에서 말 39마리, 마차 14량, 45개의 미니어처 인물 동제품이 발견되었다. 이 중에 높이 35센티미터, 길이 45센티미터의 '나는 제비를 짓밟고 달리는 청동제의 말'도 발견되었다. 중국인들은 이를 '분마(奔馬)' 또는 '천마(天馬)'라고 부른다. 지금 이 분마상은 란저우박물관에 전시되어 있는데, 크지는 않지만 질주하는 말에 힘이 넘쳐나고 너무나도 용맹스럽게 보여 우웨이의 가장 큰 자랑거리의 하나이다.

우웨이의 한대 장군의 묘

위, 흉노를 세압했나는 동분마 동상
오른쪽, 우웨이 시내의 뢰대 공원 입구

　　원래 란지우 이서지방은 흉노의 땅이었다. 중국 역사시에 처음 나타나는 북방계열 유목민족은 흉노(匈奴). 흉노가 어떤 민족이었는지 어떻게 변했는지 분명한 기록은 없다. 한 역사학자에 의하면 흉노족은 동시베리아와 고비 사막 초원지대를 빠져나와 여러 갈래로 흩어진 터키 몽골계 유목민이며, 유럽에서는 훈족(Huns)이라고 알려진 기마유목민족이었다. 중국의 기록에 흉노는 기원전 4세기경 지금의 몽골 지방에 나타나 약 5백 년 동안 북아시아 사막과 초원지대에서 활약했던 몽골계 유목민족으로만 알려졌다. 사라진 민족, 글이 없었던 유목민족의 모든 역사적 사실은 중국의 기록에 의존하게 된다. 중국의 한자로 표기되는 주변 민족의 이름 흉노(匈奴)는 '나쁜 놈들', 동이(東夷), 남만(南蠻)과 같은 의미로, 중국은 주변 민족을 오랑캐로 취급했다. 흉노는 몽골계통 민족으로 부여·고구려와 밀접한 관계를 맺었던 것으로 알려져 있다.

이 북방계 민족이 한과 갈등하며 초원지대를 이리저리 이동하면서 촉발시킨 인구의 대이동은 인류의 역사를 바꾸어 놓았다. 예를 들면 월지(月氏)족은 흉노에게 밀려 트란스 옥시아나(Trans Oxiana-지금 우즈베키스탄 부근의 옛 지명) 지방으로 이동하였다. 이러한 이동이 철기와 말을 가축화한 스키타이 유목민족을 밀어내는 것과 같은 인구의 이동을 유발시켰다고 한다.

처음으로 말이 가축으로 길들여진 것은, 지금으로부터 약 3천 년 전 북방 스키타이 유목민족에서 처음 일어난 일이다. 말을 이용하면 보다 더 많은 짐을 사람보다 몇 배 빠른 속도로 이동시킬 수 있다. 전쟁시 무장한 군사가 말의 기동력을 이용하면 중무장한 기마군단이 된다. 말을 가축화했다는 것은 지금으로 치면 비행기를 처음으로 전쟁과 수송에 이용한 것만큼의 위력을 갖게 됨을 의미한다. 중앙아시아에서 철기와 말을 실용화한 기술은 시간의 경과하면서 서서히 동서로 퍼져나갔다. 말을 탄 기병은 보병 여러 명이 상대할 수 없는 가공할 힘을 갖게 되었다. 하루에 겨우 30-40킬로미터 이동하던 보병과 200-300킬로미터 이동하는 군대와는 상대가 되지 않았을 것이다. 막강한 기동력과 무기를 가진 기마민족이 말 위에서 본 보병은 무시해도 좋을 만큼 작아 보였을지도 모른다.

농경민족은 항상 한곳에 정착해 살기 때문에 문화유산을 남겨 놓는다. 그러나 유목민족은 항상 가축을 이끌고 이동해야 하기 때문에 가재도구는 될수록 가볍고 간단해야 하고 기동성을 필요로 한다. 유목민족은 중국 북방 초원과 사막에서 말과 양을 가축화하여 몰고 다니면서 혹은 무기로 혹은 운송수단으로 하면서, 풀이 있는 곳을 찾아 철 따라 옮겨 다니면서 살았다. 이런 흉노와 몽고족이 발흥하여 이동하면서, 세계사의 민족 이동에 동력을 만든 것은 대단히 흥미롭다.

사실은 태국의 건국 유래도 흥미롭다. 태국 사람은 원래 백족이라는 윈난성 일대에 퍼져 살던 사람들인데, 몽고족의 발흥으로 원(元)에 밀려 메콩 강을 따라 수백 킬로미터 남하하여 지금의 타이에 자리 잡았고, 당시 캄보디아와 타이에 군림하던 앙코르 왕조를 무너뜨리고 타이 왕조를 세운 것이다.

지도를 보면 알 수 있듯이, 타림 분지로의 접근은 서역에서 파미르 고원을 넘으면 오히려 쉽다. 중국 중원에서 이쪽으로 가려면 거대한 고비(고비 사막은 부서진 돌조각이 널린 사막임)나 모래가 덮인 사막이 커다란 장애가 되어 용이하게 진출하지 못했을 것이다. 또한 고대에 하서회랑과 타림 분지 대부분을 흉노가 지배하고 있었기 때문에 한족이 서역으로 가는 것은 불가능했던 것이다.

최초의 실크로드 개척자는 장건(張騫)이라는 사람이다. 한무제는 서역 제국과 동맹을 이루어 흉노를 정벌하기 위해서 기원전 139년 장건을 월지(月氏)로 파견했다. 100여 명의 대원을 이끌고 나가던 장건은 하서회랑도 빠져나가지 못하여 흉노에게 잡히고 말았다. 흉노의 왕 선우(鮮于)는 장건을 회유하여 귀화시키려고 아내를 주어 살게 하였지만, 10년 동안 붙잡혀 살던 그는 기회를 보아 탈출하여 파미르 고원 너머에 있는 월지에 도달한다. 그러나 월지는 장건이 가지고 온 한무제의 제의를 받아들이지 않아 동맹관계를 맺는 데 실패했고, 장건은 빈손으로 돌아오지 않으면 안 되었다. 그는 돌아오는 길에 둔황 남단과 칭하이 지방으로 돌아가다가 다시 흉노에게 붙잡히는 신세가 되었다. 이번에는 살아 돌아갈 방법이 없구나 하던 장건에게 다시 기회가 왔다. 흉노의 왕이 죽자 내부 권력투쟁과 내란이 일어나면서 그는 흉노의 왕자를 한으로 탈출케 하여 같이 귀환하게 되었다. 천신만고 끝에 13년 만에 서역으로 보냈던 사행(使行)의 귀환이다.

그의 긴 여행은 서역의 지리·민족·산물 등에 관한 지식이 한으로 유입되는 계기가 되었다. 그가 무제에게 보고한 내용 중에는 서역 유목민족이 사용하는 한혈마(汗血馬—천리를 달릴 수 있고 뛰면 땀에 피가 섞여 나온다는 전설적인 말)의 이야기가 유명하다. 무제는 어떻게 하든지 이 한혈마를 입수하고자 그후에도 서역으로 수많은 원정군을 보내었고, 마침내 말로만 듣던 말을 서역에서 유입하여 흉노를 무찌르는 데 사용했다고 한다. 장건은 서역 제국의 사정과 문물, 값진 정보를 가지고 돌아와 무제를 기쁘게 하였다. 포도를 비롯해서 석류·수박·호두와 같은 서역 전래의 먹을거리가 장건에 의해 이때 처음 중국에 전해진 것으로 알려졌다.

그후에 무제는 곽거병(霍去病)·이광리(李廣利)와 같은 걸출한 장수를 보내 흉노를 무찌르고 둔황·안시(安西)에 이르는 하서회랑을 완전히 장악하고 하서한사군(河西漢四郡)을 설치하여 중국의 영토가 되었다.(같은 시기 한은 조선에도 한사군을 설치한 바 있다.) 한의 하서사군은 양주(涼州; 현 우웨이), 감주(甘州; 현 장예), 숙주(肅州; 현 주취안酒泉), 사주(沙州; 현 둔황)이며, 이로써 하서회랑을 거치는 실크로드가 한의 지배 아래 안전이 보장되는 공식적인 교역로로서 개통이 된다. 한혈마의 산지로 알려진 대완(大宛)은 이란계 민족이 살고 있던 페르시아 지방으로 알려졌는데, 무제는 한혈마를 어떻게 해서든지 손에 넣겠다는 집념으로 대규모의 군사를 보내 대완을 굴복시키고 명마를 입수한 것이다. 이와같이 하여 한대(漢代)에 이르러 서역의 통로가 공식적으로 완성되어, 중국의 비단을 비롯한 동서 문명의 산물이 이 통로

를 통하여 중앙아시아를 거쳐 지중해의 여러 도시와 로마에까지 교류되었다.

　후한이 멸망하고 난 다음 3세기부터 5세기까지 중원과 오르도스 지방은, 변경 몽골리아 지방에서 유목민족이 발흥하여 오호(五胡)시대가 열리면서 장안은 쇠퇴하고 실크로드의 지배권도 유목민족이 장악하게 된다. 당시 오호(五胡)는 4세기 초엽에서

200년 가까이 흉노(匈奴)·갈(羯: 흉노의 별종)·선비(鮮卑: 터키계)·저(氐: 티베트계)·
강(羌: 티베트계)의 오호가 잇달아 정권을 수립하여 흥망을 되풀이하였다. 그 사이
한족이 세운 왕조도 16개국을 넘었는데, 이 시대를 가리켜 5호16국(五胡十六國)이라
고 한다. 중국이 다시 이 지역을 석권한 것은 수(隋)·당(唐) 이후의 일이다.

터널을 지나자 눈 덮인 산이 보였다. 여름에 이곳을 이 시간대에 지나던 풍경과
는 너무 대조적이다. 초여름 이곳을 통과할 때는 석양을 넘어 굽이굽이 돌아가는 난
신선(蘭新線–란저우에서 우루무치로 가는 기차) 차창 넘어 눈 덮인 치롄 산맥의 연
봉과 그 밑 초원의 들판과 산언덕에서 양치는 유목 농가를 자주 목격할 수 있었는데
이번은 사뭇 삭막하기만 하다.

동서로 뻗은 치렌 산맥 북쪽에, 자연은 길이 1천 킬로미터나 되는 계곡을 만들어 놓았는데 이를 하서회랑이라 부른다. 치렌 산맥의 사이를 가로지르는 커다란 협곡에서 흘러내리는 물이 하서회랑과 둔황의 젖줄이 되는 강을 만들어 준다. 만년설을 지니고 있는 치렌 산맥은 중턱 이하부터는 습기가 촉촉하여 예상외로 울창한 산림지대를 형성하고 있으며, 봄부터 가을까지 눈 녹은 물이 하서회랑을 적셔 주며, 고지대와 산록에는 광활한 목초지가 전개된다. 역사 이전부터 농경민족인 한족과 흉노와 같은 유목민족이 이곳을 두고 수천 년을 싸운 역사적 배경이 있는 땅이다.

치렌 산맥을 두고 오랫동안 패권을 다툰 이유는, 지난 여름 칭하이성에서 치렌 산맥을 넘어 장예(張掖)로 들어오는 여행을 하면서도 새삼 확인할 수 있었다. 산록과 고원 초지는 끝없는 방목지이고 계곡에는 물이 콸콸 흘렀다. 밑으로 내려오자 넓은 들이 눈앞에 펼쳐진다. 흐르던 계곡 물줄기가 보이지 않고 농지로 꽉 찬 들판이 눈에 들어온다. 들판에는 고원지대에서 볼 수 있는 유채꽃이 만발하다. 곧이어 사막도 보였다. 이러한 곳에 경작지를 개간하여 농지를 확장했다. 인력이 부족한 그 옛날에 얼마나 고된 작업이 필요했을지 상상할 수조차 없다. 근대에

장예 부근의 치렌 산맥 아래 마을

들어와 정부의 정책적 지원과 농기계의 도입으로 이 사막 오아시스도 여기저기 한참 개간되어 왔고, 개간이 계속되면서 인구는 점점 증가되어 왔다. 오늘날 산 아래에는 용수로가 여기저기 뻗어 있고, 물길이 지하로 잠적한 곳에는 우물을 파서 농경지를 만들어 놓았다. 그래서 이 지역은 이제 밀·보리·목화·유채 같은 작물이 대대적으로 재배되는 유수의 농경지역이 되어 있다.

그러나 1만 미터 상공의 항공기에서 내려다본 사막은 마치 달 표면에 온 것 같은 황량한 풍경이었는데, 산 위에서 흘러내린 물줄기가 때론 보이다가 땅으로 잠적했다가 하며 물에 반사되는 햇빛이 눈에 비쳐지기도 했다. 잠시 후 조그만 활주로가 나타났다. 승무원에게 어디냐고 물으니 시계를 본 다음 자위관(嘉峪關)이라고 알려준다. 사막 한가운에 그려져 있는 실줄―너무나 작고 어설프게 보였다. 저런 달 표면 같은데 무슨 물이 나와서 사람이 사는가 하고 의문을 가졌었다. 하늘에서 본 하서회랑은 길고 넓은 계곡인 것이 뚜렷하게 보였다.

하서회랑은 간쑤성(甘肅省)의 중요한 부분으로, 감숙이란 장예의 옛 이름 감(甘)주와 주취안의 옛 이름 숙(肅)주에서 따온 것이라 한다. 중원과 서역을 잇는 거의 유일한 통로였다. 진시황은 흉노를 방어하기 위해서 황하를 가로질러 만리장성을 쌓기 시작했다. 기원전까지 한(韓)·위(魏)·조(趙)와 같은 나라가 흉노와 합세하여 진나라를 자주 공격하고 침입하므로, 진은 대군을 파견하여 치롄 산맥 북쪽으로 쫓아냈

다고 한다. 한나라 때 위먼관까지 뻗어냈고, 역대 중국 왕조가 더 서쪽으로 축조하여 동쪽 끝 산하이관(山海關)에서 서쪽 끝은 자위관까지 수천 킬로미터의 성벽을 이룩하여 놓았는데, 장성의 높이는 2.5미터, 너비는 90센티미터 규격으로 돈대가 설치되어 있었다고 한다. 자위관 근처에서 한대의 돈대를 볼 수 있었다.

하서회랑을 이용한 실크로드는 한대 장건이 개척한 이래 당나라 때 최전성기를 맞이했었다. 당이 멸망한 후 한족 왕조 송이 황하유역에서 양쯔강 이남으로 밀려나면서 오르도스와 하서회랑은 탕구트족의 서하가, 치렌산 이남은 티베트족인 토번(吐藩)이 장악하기에 이른다. 아직도 화서회랑에는 서하의 지배 흔적이 완연하다.

하서회랑과 사막 실크로드를 통하여 중국의 비단과 종이·인쇄술이 서양으로 건너갔고, 서양과 인도의 사상과 종교가 중국으로 들어오기도 했다. 기원전 1세기경 불교가 이곳을 통하여 들어왔고, 뒤이어 11세기 이슬람 종교와 문화가 시안까지 들어왔다. 마르코 폴로는 열 살의 나이로 아버지를 따라 1271년 베니스에서 출발하여 중앙아시아 실크로드를 거쳐 3년 반이라는 세월을 들여 원(元)의 수도 베이징까지 왔다. 그의 동방 여행기에도 장예에서 머문 사실이 나타난다.

한(漢)민족이 장예를 지배한 것은 한무제가 흉노를 물리치고 군을 설치하면서부터 시작한다. 장예는 하서회랑에서 두 번째로 큰 오아시스 도시로서, 물이 풍부하고

자위관의 만리장성

관개시설이 잘되어 농사짓기에 유리하며, 이곳 초원에서 생산되는 말은 천하제일의 양마(良馬)로서 기민성이 뛰어나다고 한다. 지금도 장예 근처의 산단(山丹) 군마목장에서는 군마를 수만 마리 키운다는데 중국군이 사용하는 군마 중에 으뜸가는 말로 널리 정평이 나 있다.

시내 한복판에 서하시대에 세운 대불사(大佛寺)에는 길이 34미터, 어깨 폭 7.5미터나 되는 옆으로 누운 커다란 석가 와불을 모셨는데, 우리가 방문할 당시에는 수리중이어서 제대로 보질 못했다.

치렌 산맥 연봉을 가까이 보면서 하서회랑을 통과 만리장성의 끝 자위관까지 가기 위해 장예에서 택시를 대절하여 서쪽으로 312번 도로와 고속도로를 달리면서 왼편으로 전개되는 치렌산 연봉을 살펴보았다. 도로와 만리장성이 교차하는 산단(山丹)장성의 흔적도 볼 수 있었다.

자위관은 천하제일웅관(天下第一雄關)이란 이름을 가진, 14세기 후반에 명나라가 몽골족의 침략을 막기 위해 세운 관문이다. 이민족 왕조 청대에 이르러서는 만리장성의 기능이 사라지고 완전히 방치되었던 보잘것없는 이름뿐인 서쪽 끝 요새로서, 얼마 전까지만 해도 주위에는 농가가 수십 채 정도밖에 없던 한적한 마을이었는데 1960년대부터 신흥공업도시로 발돋움하였다. 오늘날 인근의 주취안(酒泉)은 하서회

자위관 성두

랑 으뜸의 공업도시가 되었고, 공항도 생겨 다른 도시와의 연결도 편하게 되었다.

사막의 강의 흐름은 강수량이나 기후의 변화에 따라 항상 바뀔 수 있으며, 더러는 땅으로 잠복하여 한참 흐르다가 지상으로 나타나는 경우도 있다고 한다. 장예의 오아시스를 형성해 주는 강이 헤이허(黑河)이고, 둔황 근처를 흐르는 강이 당하(堂河), 주취안을 만들어 주는 것이 베이다이허(北大河)이다. 헤이허에서 발견된 폐허 카라호토(중국 지명은 헤이수이성黑水城) 유적이 보고되어 처음으로 서하의 문물이 세상

베제클릭 천불동 가는 길

에 알려졌다. 오늘날, 치롄 산맥의 물줄기 헤이허는 하서
회랑을 가로질러 장예 근처에서 북으로 계속 진행하다가
고비 사막 한가운데서 자취를 감춘다. 600년 동안 기후가
변하여 헤이수이성이 인적 없는 폐허가 되어 버리고 말았
다는 이야기다. 서하시대의 도시 카라호토 유적에 가보고
싶었지만, 탕구트의 문화를 꽃피고 지금은 모래에 파묻혀
문명으로부터 멀리 떨어진 사막에 있으니, 한낱 개인의
힘으로는 가볼 수 없는 피안인 셈이다.

　　고비 사막 속에 헤이수이성이라는 도시가 존재했다면 이 지역에 물이 있었다는
이야기가 된다. 헤이허와 내륙호수가 건재한 사막 오아시스 도시로서의 헤이수이
성이 번성할 수 있었던 여러 가지 증거가 계속 나오고 있다. 2005년 이 지역을 탐사
보도한 NHK의 '신 실크로드'에서 카라호토에 관하여 낸 수기가 있었는데, "녹색
의 도시 카라호토에 14세기 후반 파멸의 징조가 찾아왔다"고 적고 있다. 이에 의하
면 1370년 전후 현지 기관에서 상부기관에 보낸 문서가 카라호토에서 출토되었는데
"백성은 (가뭄으로) 밭을 잃고 굶고 있으며, 강의 물이 거의 없기 때문에 수로로 물
을 농지에 흘려 보낼 수가 없다"는 내용이다. 어떤 이유에서인지 카라호토 주변에

산재한 수로가 기능을 상실한 것 같다. 말하자면 이 지역에 기후 변화가 일어나 생명줄인 물이 말라 붙기 시작한 것이다. 이에 대한 증거로서, 기능을 잃은 수로 흔적이 하류지역에서 발견되었고, 그 모래 위에는 사막 식물 타마리스크가 덮고 있었다고 한다. 사람들이 살 수 없는 이런 불모지에도 한때는 사람들이 성을 쌓고 나라를 세우고 교역을 했을 것이다. 그러다가 자연과 사회 변동의 여파로 흔적만 몇 개 남겨 놓고 사라졌으니, 이 지구상에 그런 도시와 문명이 얼마나 많을까?

자위관을 빠져 사막 쪽으로 나오면 '관외삼절(關外三絕)'이란 말이 있다고 한다. 투르판의 무더위, 하미(哈密) 지방의 추위, 그리고 안시(安西)의 바람이다. 안시를 지나오면 고비의 바람이 침식하여 생긴 거대한 흙더미 군락이 장관이다. 일대의 이름은 포륭길(布隆吉)이라고 하는데 강풍지대에 생긴 특유의 지형이다.

둔황

둔황은 2005년 이래 세 번 찾아가 보았다. 둔황으로의 접근은 항공편을 이용하는 것이 제일 쉽지만 거대한 타클라마칸 사막을 통과하는 톈산 남북로 일부를 체험하자면 철도를 이용하거나 버스를 이용하는 수밖에 없다. 철도를 이용하려면 최근까지 류원(柳園)에서 내려 130킬로미터나 떨어진 둔황까지 버스를 이용해야만 했다.

2006년 말에 란저우에서 둔황으로 직접 연결되는 철도가 개통되어 한결 접근하기가 쉬워졌다.

둔황은 물이 풍부하여 살기가 좋아 오래 전부터 서역으로 오가는 관문 노릇을 했다. 그러나 이웃에 있는 안시(安西)와 더불어 둔황의 강풍은 그 세기로 이름난 곳이다. 둔황은 타클라마칸 사막 어귀에 고대로부터 중원 왕조가 서역으로 진출하는 중계지였고, 한족과 서역의 호족(胡族)이 접촉하고 지배를 반복한 오아시스 도시이다. 둔황은 이러한 요충지에 있었던 관계로 불교가 이곳을 통해 들어왔으며, 이곳을 지배하던 세력이 불교사원 석굴을 대대적으로 이룩하여 세계에서 유례가 없는 석굴사원을 이루어 놓았다. 둔황은 근처에서 가장 큰 오아시스로 중소도시를 먹여 살리고 농사를 지을 수 있는 물이 있어서 번성해 왔다. 둔황에 처음 들어갈 때의 인상은, 방풍림으로 심어 놓은 포플러 나무 사이로 제법 넓은 들밭이 펼쳐져 있어서 사막 속에도 이런 곳이 있을 수 있구나 하는 생각이 들었다.

둔황이 중국 역사에 등장하는 것은 2천여 년 전 전한(前漢) 때의 일이다. 무제는 기원전 27년 위청(衛靑)을 시켜 흉노를 토벌하고 하서회랑과 그 서쪽에, 양주(涼州)—현 우웨이(武威), 감주(甘州)—현 장예(張掖), 숙주(肅州)—현 주취안(酒泉), 사주(沙州)—현 둔황(敦煌)에 4군을 설치하여 한의 지배하에 두었다. 4군을 설치한 한은 둔황까지 만리장성 축조를 연장하고 교외에 양관(둔황 60km 지점)과 위먼관(둔황

100km 지점)까지 망대를 이어 놓았다. 하서회랑과 사주는 한대(漢代) 이래 중원 왕조와 서역을 잇는 길목에서, 교역의 거점과 변방을 방어는 전진기지로서 작용해 왔다. 한이 망한 후 하서 4군은 다시 유목민족 왕조 전위(前魏)의 지배하에 들어갔지만, 그동안에도 서역을 무대로 한 한과 흉노의 패권쟁탈전은 지속되고 둔황의 관문 양관(陽關)과 위면관은 빼앗고 빼앗김이 반복되었다. 일단 위면관이 열리면 흉노는 하서회랑을 거침없이 통과하여 황하 일대까지 침탈을 했다.

양관의 봉화대

6세기에 들어 수·당이 이를 회복하고 당대에는 안시절도사(安西節度使)를 두어 통치하다가 당이 멸망한 후 11세기 초, 각축을 벌이던 송이 패배하여 황하유역에서 장강으로 남하 후퇴하고 서하 지배의 시대로 접어들었다. 서하는 하서회랑과 둔황을 250년 동안 지배하면서 실크로드의 통상을 장악했고, 둔황에도 많은 문화유적을 남겼다. 서하가 13세기 초 몽고에 의하여 멸망된 후, 둔황은 사주 이름을 다시 찾아 명대까지 이어 갔는데, 청 건륭제 때 둔황 현이란 지명이 주어졌다. 둔황이란 커다랗게 번성한다는 의미로서, 찬연한 문화가 빛나던 시절에 쓰인 이름을 되찾은 것이다.

둔황 막고굴(莫高窟)은 불교가 전래된 이래 4세기 말에서부터 당과 서하를 거치는 천년 동안 일군 석굴군이다. 막고굴말고도 톈산남로 연변과 간쑤성 하서회랑 산

둔황 서천불동

악과 벼랑에는 불교가 전래된 이후 무수한 석굴이 건조되었다. 사막의 건조한 기후에서 한번 파놓은 석굴 사찰은 별다른 개수 없이, 매몰되지만 않으면 오래 보존되기 마련이다. 그렇지만 둔황 막고굴이 이처럼 잘 보존된 연유는 무엇보다도 불교를 종교로 삼는 세력이 줄곧 지배해 온 덕분일 것이다. 둔황 근처에는 막고굴, 서천불동(西千佛洞), 유림굴(榆林窟) 등에 모두 820여 개의 굴이 남아 있는데 대표적인 것이 막고굴로서 812개의 석굴이 보존되어 있다.

막고굴은 둔황시에서 동남 25킬로미터 떨어진 밍샤산(鳴沙山) 산록 마른 냇가 앞에, 남북 길이 1,700미터, 높이 15-30미터 벼랑에 굴을 파내어 일군 장대한 석굴군이다. 둔황 사막지대의 석굴은 5-6월 바람에 날리는 토사가 최대의 적이다. 바람에 날린 모래가 쌓여 가면 서서히 묻혀 버리고, 광풍이라도 불면 하루저녁에 몇 미터도 묻어 버릴 수 있기 때문이다. 우리가 보는 지금의 막고굴은 1960년대에 군대까지 동원하여 사방공사를 하고, 문을 해달고, 사다리 관광로를 만들어 이어 놓았다. 막고굴은 남굴과 북굴로 나뉘는데, 관광객이 입장하는 북굴에는 모두 492개의 석굴에 2천 개 이상의 채색한 조소(彫塑)물과 4만5천 제곱미터의 벽화가 남아 있는 것으로 파

악되었다. 석굴 건조년대는 4세기 북위시대부터 시작하여 수·당·서하에 이르는 천여 년 동안으로, 경전·불상 및 벽화가 보존되어 있는 세계 최대의 석굴 불교박물관이다. 세계문화유산으로 지정되고, 관광객이 몰리면서 보존을 위하여 입장료를 120유안(24,000원) 정도로 비싸게 받고 있으며, 가이드의 인솔을 받아 설명을 들을 수 있으나 방문할 수 있는 석굴은 10개 정도로 한정된다. 대신 다행히 석굴박물관을 짓고 모형을 만들어 발굴과 연구 성과 이해에 보탬이 되도록 해놓았다.

북굴은 길이 1킬로미터 정도의 긴 벼랑에 파져 있는데, 승려들의 작업장이나 숙소로 이용되었던 굴이다. 일반 관광객에게 공개되지 않고 있어 개울 건너 멀리서만 바라볼 수 있다. 최전성기의 둔황의 인구는 2만 명, 막고굴에서 수행하는 승려는 1천 명이나 되었다고 한다.

20-30명씩 그룹으로 안내를 받아 들어갔다. 카메라 반입은 엄격히 금지되어 있다. 정문 전면에 보이는 굴은 96호굴로, 외관 건물이 9층 누각 모양으로 된 막고굴의 상징적 목조건물이며, 안에는 높이 18미터의 대불이 모셔져 있다. 맨 처음 들어간 석굴은 428호굴. 북주(北周) 때 지은 이 굴의 폭은 10.8미터, 깊이 13.75미터. 중심부에 네모기둥이 있는데 벽면을 파내서 공간을 만든 다음, 안에 정교하게 불상과 나한, 사천왕상을 새겨 놓았다. 더러 수리해야 할 불상도 보이는데, 불상을 만든 방

법이 그대로 노출되어 재미있었다. 팔은 나뭇가지로 엮어 손과 팔뚝 형체를 만든 다음, 짚으로 감싸고 진흙을 발라 말리고 곱게 다듬어 만들고 그 위에 곱게 채색을 하였다.

　불상 조각에 대한 조예가 없는 나에게 단연코 관심을 끈 것은 장경동(藏經洞)이라는 이름을 얻은 17호굴. 이 굴은 16호굴로 들어가는 통로 오른쪽에 있어 마치 부속실처럼 보이게 마련인데, 900년 전 서하가 토번에 의해 멸망할 무렵 누군가가 굴에 다량의 문서를 집어넣고 봉해 버린 것이다. 도교(道敎) 도사 왕원록(王圓錄)은 1900년 초부터 굴 한쪽에서 살면서 막고굴을 관리하고 있었는데, 어느 날 16호굴을 정리하다가 모래에 묻혔던 석굴을 발견하고 흙으로 봉해진 흙벽을 부수고 안에 들어가니 사람 두 녕이 겨우 들어갈 석실 하나가 있었고, 그 안에서 엄청난 분량의 문서 두루마리를 발견했다. 왕도사는 이를 현감에게 보고했으나 그냥 봉해 두라는 명령을 받았다. 그는 몇 권의 고서를 주취안으로 가지고 나와 감정을 의뢰하였는데, 이로 말미암아 소문이 퍼지게 되었다. 장경동 고서화는 1906년부터 서방 탐험가들에 의해 반출되어 나가면서 900년 동안 잠자던 둔황 문서가 세상에 알려지게 되었다.

　맨 첫번으로 반출한 탐험가는 헝가리 출신 영국 탐험가 오렐 스타인(M. Aurel Stein 1862-1943). 그는 1900년부터 모두 네 차례 티베트, 신장, 고비 사막을 탐험했는데,

둔황 북굴은 폐허로 남아 있으며,
지금도 한창 발굴중이다.

1906년 제2차 탐험 때에 이런 사실을 모르고 둔황에 들렀다가 소문을 듣고 찾아가,
왕도사에게 집요하게 접근해서 고문서를 보여달라고 가진 방법으로 설득했다. 두
달 동안 설득과 회유로 왕도사를 매수하여 비로소 17호굴을 열고 고서화를 조사할
수 있게 되었다. 왕도사는 공양 받은 돈을 사원과 참배객 숙소를 수리하는 데 사용

하였다. 몇 달에 걸친 매수 끝에 스타인은 모두 24개 상자, 1만5천 점의 고서화를 낙타 40마리의 등에 실고 사막을 빠져나와 인도를 경유해 영국으로 가져가 영국왕립도서관에 보관하게 되었다.

이보다 한발 늦게 프랑스 탐험가 폴 펠리오(Paul Pelliot, 1878-1945)는 우루무치에서 장경동 소문을 듣고 1908년 초 둔황에 도착한다. 펠리오는 베이징 주재 프랑스대사관에서 근무한 경력을 가진 유명한 중국학 학자로서 중국어·티베트어·돌궐어 등을 이해하는 중국통이었다. 스타인과 같은 수법으로 왕도사를 회유하여 고서화를 감정을 허락받은 후 단돈 은 500량을 주고 진본 두루마리 6천 개를 빼내어 프랑스로 가져갔다. 페리오가 찾아낸 문서 중에서는 신라 수도승 혜초(慧超, 704-780)의 인도여행기 『왕오천축국기(往五天竺國記)』 필사본도 발견되었다. 발견 당시 앞뒤가 떨어져 나가고 일부만 남아 제명도 필자도 없어진 사본은 한 줄에 30자 내외 모두 230줄에 불과했던 것을 동양학자인 펠리오는 혜초의 기행문이라고 단정·발표했다. 이 기행문은 8세기 전반기의 인도 불교를 비롯하여 중앙아시아의 풍속과 지리·역사 등을 기록하여 5세기 법현(法賢)의 『불국기(佛國記)』, 7세기 현장(玄裝)의 『대당서역기(大唐西域記)』와 더불어 중앙아시아 연구의 귀중한 자료가 되고 있다.

잇따라 서양학자가 빼내간 둔황 문서가 화제가 되자, 청국 정부는 장경동에 남아 있는 고서화를 베이징으로 이송 보관하게 하였다. 그런데 일본 오타니(大谷) 고고학 조사단이 1912년에 이곳을 들렸을 때 재빠르게 왕도사로부터 500여 권의 필사본을 구입해 갔다. 오타니 탐험대는 투루판 근처 베제클릭 천불동의 서화와 벽화를 약탈해 갔는데, 어찌된 유래인지 몰라도 이 중에 대부분을 일제하 조선총독부에 기증하였고, 지금은 이 유물이 우리나라 국립중앙박물관 중앙아시아실에 전시돼 있다.

서양학자의 둔황 문물 빼내기는 이후에도 계속되었다. 청나라 정부가 남은 고서화를 베이징으로 실어간 후 대가로 준 돈을 왕도사는 써보지도 못하고 1931년 죽었다고 한다. 청나라 정부는 왕도사의 이러한 고서화 밀매 행위를 처벌하진 않은 모양이다. 그의 무덤과 기념탑은 지금 막고굴 매표소 앞에 세워져 있다. 마지막으로 미국 보스턴의 포그(Fogg) 박물관 관장 랭던 워너(Langdon Warner)가 1924년 막고굴의 벽화 20여 장을 뜯어 갔다. 요즈음 석굴을 방문하는 관광객들에게 가이드는 벽화를 뜯어가 허옇게 남은 빈자리를 지적하면서 여기가 워너가 뜯어간 벽화가 있던 자리라고 지적해 준다. 지금 장경동 앞에 전시관이 세워져 있는데, 여기에는 "장경동은 우리나라 학술 상심의 역사이다(藏經洞吾國學術傷心史也)"라는 패널을 세워 놓고 중국 사람들의 속상한 과거를 달래 주고 있다.

막고굴을 방문한 후 별도로 차를 내어 한대(漢代)의 최전선 양관(陽關)과 서천불동을 찾아보았다. 위먼관(玉門關)도 찾아보고 싶었는데, 시내에서 100킬로미터나 떨어

타클라마칸 사막(양관)

져 있어 하루의 일정을 필요로 해서 60킬로미터 떨어진 양관과 남향촌(南鄕村)을 찾은 것이다.

　남향촌은 오아시스 마을로 방풍림이 빼곡하게 들어차 있고 포도 재배가 한창이었다. 사막의 모래바람은 대단히 위협적인 존재다. 모래바람에 의해 묻히는 농경지를 보호하기 위해서 오아시스 마을의 입구에는 예외 없이 방풍림이 심어져 있다. 여기 모래언덕에서는, 바람이 세차게 불 때에는 옛 물건 파편이 나온다고 해서 '골동 모래밭(沙地)'이라 부르기도 한다. 사막을 오가던 대상들의 휴대품이나 사라진 정착마을의 옛 유물에 덮여 있던 모래가 바람에 날려가 다시 그 모습을 드러내는 것이다.

　한대에 한족이 지배한 이곳을 나가면 완전히 미지의 서역으로 여겼던 중국 사람들의 생각이, 왕유(王維, 699-759)의 시 「양관삼첩(陽關三疊)」에 잘 나타난다.

　그대에게 한잔의 술을 권하네
　양관을 떠나 서쪽으로 가면
　아는 이도 없는 낯선 곳인데….
　(勸君更進一盃酒 西出陽關無故人)

　양관은 사라져 없어지고 한대에 세운 봉화대만이 남아 있다. 부근에 정자를 세워 놓았는데, 그 너머 드러나는 광활한 사막에 바람이 인다.

돌아오는 길에 서천불동을 들렀다. 말라 버린 당하(堂河) 앞 벼랑에 20여 개의 석굴이 있는데, 일반에는 공개하지 않고 굴 앞에 알루미늄 문을 달아 잠가 놓았다.

둔황 시내에서 남쪽으로 약 5킬로미터 떨어진 곳에 위치한 동서 약 40킬로미터, 남북 20킬로미터 정도의 광대한 모래 봉우리가 밍샤산(鳴沙山)이다. 실크로드라고 하면 우리는 모래사막을 걷는 대상(隊商)을 떠올리게 마련이다. 이런 사마 체험을 할 수 있는 곳이 바로 밍샤산이다.

밍샤산이란 이름은 모래를 타고 미끄러져 내려오면 휘파람 소리가 들린다 하여 붙여진 이름이라고 하는데, 산에 쌓인 모래를 잘 살펴보면 빨강·노랑·검정·녹색 및 흰색의 모래가 섞여 있어 태양의 각도에 따라 모래산이 여러 가지 형태를 보여준다. 특히 저녁 노을이 질 무렵에 햇빛의 각도가 만들어 주는 능선의 곡선은 한없이 다양하다. 밍샤산에는 한나라 이래 말라 버린 적이 없었다는 월아천(月牙泉)이란 길이 200미터, 폭 50미터의 자연 호수와 그 옆에 지은 누각이 밍샤산에서만 볼 수 있는 풍취를 제공한다. 그래서 한나라 때 이래로 유람지로서 이름이 알려졌다고 한다. 나는 월아천의 아름다움을 사진에 담으려고 모래밭을 거닐다가 미끄러지기도 하였다. 한참 다니다가 렌즈를 갈아 끼우려고 가방을 뒤져 보니 사라졌다. 미끄러지면서 모래 속에 파묻혀 버린 것이다.

둔황 밍샤산의 월아천

사막의 청양(靑揚)

둔황은 한족은 물론 티베트족과 몽골족 그리고 서역 민족이 서로 번갈아 가면서 또는 섞여 살면서 문화의 멜팅 포트(melting pot) 역할을 해왔다. 하루 일정으로 둔황에 온다면 아침에는 막고굴을 관광하고 한낮에는 쉬는 게 좋다. 둔황 거리는 단조로울 뿐만 아니라 한낮 더위 아래 걸어 다니면 피로만 더해 줄 뿐이기 때문이다. 오후에는 밍샤산과 월아천을 보고 저녁을 먹고 서늘해진 시간에 시장을 돌아보면 사람들이 사는 모습과 시장의 정서를 느낄 수 있다.

시안에서 황하유역, 황토고원 그리고 화서회랑을 거치는 동안 중국 문명의 발상지, 북방 유목민족 간의 분쟁지인 황하유역, 고비 사막과 하서회랑을 거쳐 왔다. 둔황은 본격적인 사막의 길이 시작되는 지점이다. 둔황을 떠나 서역으로 가려면 톈산(天山) 산맥을 따라 가는 길과 쿤룬(崑崙) 산맥 밑을 따라 가는 길로 갈라진다. 나는 둔황과 우루무치 사이의 톈산 남북로를 두 번 오갔다. 중국 실크로드는 이들 산맥 사이에 있는 타클라마칸 사막(일명 타림 분지)의 주변 산 밑 오아시스를 통과하는 기나긴 교역 루트이다.

인도양 대륙판과 유라시아 대륙판이 부딪치면서 융기하여 생긴 산맥이 히말라야 산맥이다. 티베트 고원과 타림 분지는 원래는 바다였는데, 이 충돌로 말미암아 올라오면서 바닷물이 증발해 버리고 말랐기 때문에 도처에 호수가 있지만 대부분 소금 호수이다. 쿤룬 산맥과 치롄 산맥에서, 톈산 산맥에서 눈이 녹아 흘러내리는 강은 도중에 모두 사막 모래 속으로 사라져 없어진다. 거대한 분지를 둘러싼 산으로부터 얼음과 눈 녹은 물이 흘러내리면서 물길을 만들고 수십 킬로미터 또는 수백 킬로미터 동남북으로 흐르다가 모래 위에서 혹은 딱딱한 암염지대에서 사라져 버린다. 더러는 롭 노르(사막 속의 염호)와 같은 호수를 이룬다. 호수에서 소금을 긁어 모을 수 있는 것은 흔한 일이다.

유라시아 대륙을 크게 조망하면 대충 북위 40도를 기준으로 초원지대와 사막지대가 갈린다. 사막지대는 지중해 연안 터키 남단에서 시리아 사막, 아라비아 사막, 이란 사막, 카라코룸 사막, 타클라마칸 사막, 고비 사막 등으로 이어진다. 이 사막지대의 북단과 타이거 또는 수해(樹海)지대 사이에 광활한 초원지대가 벌어진다.

톈산 산맥과 쿤룬 산맥은 타림 분지의 생명줄이다. 톈산 산맥은 파미르 고원 북쪽에서 시작되는 길이 2천 킬로미터, 폭 4백 킬로미터, 높이가 5천 미터가 넘는 산들이 연이어 있으며, 3천 미터 이상의 봉우리에는 만년설이 덮여 있다. 이 산맥의 남과 북쪽 산록에는 눈이 녹아 흐르는 물로 인하여 오아시스가 점점이 산재해 있다.

톈산 북로냐 남로냐 하는 것은, 이러한 톈산산 밑의 오아시스를 연결하면 톈산 남로와 북로가 된다. 쿤룬 산맥은 파미르 고원에서 치렌 산맥까지 4천 킬로미터 면면이 이어지는 장대한 산맥이며, 그 너머로 티베트 고원이 펼쳐진다. 동쪽은 하서회랑과 고비 사막으로 둘러싸여 있으며, 면적은 53만 제곱킬로미터로 우리나라 남한 면적의 5.5배에 해당된다.

여름 하늘에서 본 톈산 산맥의 연봉과 고비 사막. 톈산 산맥에는 삐죽삐죽 봉우리마다 눈이 하얗게 덮여 있고, 능선이 끝나는 부분서부터 비탈이 완만하게 내려간다. 눈 없는 곳은 시커먼 흙더미 위에 뿌연 흙물을 부어 놓은 것 같기도 하고, 말라 버

린 개울은 고운 물줄기 흔적이 역력하다. 그러나 다시 검은 바위와 돌들이 불쑥 나와 있고 고원은 검푸른 자갈밭 같다. 군데군데 드러나는 색다른 지층은 참으로 예쁜 디자인 패턴을 만들어 놓았다. 하늘에서 본 톈산 산맥과 타클라마칸 사막은 물과 바람이 오랜 동안 빚어낸 작품에 빛을 조명해 만든 걸작 중의 걸작 같았다. 내려다본 지점이 아마도 투루판이나 하미가 아닌가 싶었다. 비행기가 진행하는 오른쪽에 치롄산의 높은 봉우리가 보이기 시작했다. 하늘에서 본 산지와 사막은 도무지 사람 살 것 같은 곳이 아니었다. 우루무치 근처는 산에서 내려오는 물이 많은지 땅은 초록색을 띠었으며, 물이 흘러내린 흔적을 직감할 수 있었고, 개간된 농토와 수로·저수지도 보였다. 자위관 근처에서 끝없이 전개되는 타클라마칸 사막 동단에서, 비행기는 곧 톈산 산맥과 나란히 하면서 비행한다. 눈 덮인 연봉의 계속이다. 그 밑에, 위에서 보면 보잘것없는 사막 속 공항의 활주로가 하나 보였다.

실크로드 지역은 당대(唐代)에 전성기를 이루다가 9세기말부터 중국의 지배가 약화되자 카라반에 의해 이어져 왔던 교역이 쇠퇴하였다. 그러다가 13세기 몽고족이 지배한 원대(元代)에 다시 회복되었고, 원이 망하자 다시 쇠퇴의 길로 들어갔다. 15세기 이후에는 해양 실크로드가 열렸고, 이 길을 통하여 동양의 차와 도자기 등이 서양으로 건너가면서 내륙 실크로드는 잊혀진 세계가 되었다. 그러다가 19세기부터 동양에 대한 관심이 일고 몇몇 서양의 탐험가가 이 지역을 탐사하고 많은 문화재를 약탈해 갔으며, 실크로드에 관한 보고를 쏟아내어 세계의 관심이 제고되었다.

옛 시절 현대적인 교통수단이 없을 당시에, 이곳을 여행하려면 수개월에 걸쳐 목숨을 걸고 온갖 악조건을 극복하면서 헤쳐 나가야만 했다. 낙타에 식량과 장비를 싣고 오아시스에서 쉬어 가면서 계속 가야 하는 힘든 여정으로서, 20세기 초까지도 그런 여행 방법이 계속되었다. 기차로 이틀이면 충분한 길을, 뤄양에서 중국 변방 카슈가르까지 5개월이나 걸렸다. 우리는 기차와 잘 정비된 도로를 (버스로) 두 번이나 왕복했는데, 현대인이 누리는 호강이다.

1930년경 산시성에서 신장성 하미(哈密)까지 이른바 검은 고비 사막을 여행한 밀드레드 케이블(Mildred Cable)의 『고비 사막』 체험기를 인용해 본다.

"안시(安西)와 하미 사이엔 황량한 사막이 펼쳐진다. 사막을 오가는 사람들에게 처음 맞닥뜨리는 것은 단조롭게 깔리거나 툭툭 튀어나온 검은 돌자갈 바다이다." 아마 안시 서북지방 포륭길(布隆吉) 지역을 가리키는 말인지 모르겠다. 땅속에서 나오는 물은 대부분 짠물로서 마시기 적당하지 않고 마시면 갈증만 일으킬 뿐이다. "이 지역에는 열두 고비마다 물이 다른데, 어떤 데는 바위 밑에서 맑은 물을 얻을 수 있

비행기에서 바라본 톈산 산맥

고, 어느 때는 모래앙금이 가라앉고 물거품이 떠 있는 데서, 혹은 자갈모래 속에서 솟아오르기도 하고 우물에서 퍼 올리기도 하는데, 물은 소금기를 머금고 있어 갈증을 늘 더하곤 했다." 그의 이야기는 계속된다. "새벽 티베트 알프스의 눈 덮인 가리비 조개 모양의 산봉우리에 햇빛이 비치자, 아직도 날이 밝기 전에 밤의 마지막 항거라도 할 것처럼 광대한 산 덩어리에는 죽음의 빛깔이 드리워져 있지만 눈 덮인 봉우리는 한 줄기 핑크빛을 던져 준다. 산 밑에 옛날 길 자국이 길게 남아 있다. 수없는 카라반의 못 박힌 수레자국으로 길 위에는 (얼음 조각이) 잘게 부서져 있고 길은 넓고 깊게 패여 있다. 이 길 위에 수없는 행상과 나그네가 수천 년 동안 끊임없이 흘러가고 오고 하여 아시아 내륙 대로를 만들며 동아시아와 유럽을 연결하였던 것이다."(Cable and French, *Gobi Desert*, Hodder&Stoughton, 1942)

사막을 오가던 사람들에게, 사람과 낙타가 걸어서 이동할 수 있는 거리 즉 40-50킬로미터 이내에서 오아시스나 물을 찾지 못하면 큰일이다. 만약 하루거리 안에 물을 만나지 못할 것 같으면 낙타 등에 물을 싣고 떠나야 한다. 1900년 신장을 탐험한 오렐 스타인의 기록을 보면 당시 탐험가들은 물을 찾기 위해 간이 굴착기도 휴대한 모양이다. "하루의 행군 끝에 물을 찾아 헤매다가 강바닥을 팔 수 있는 반정(盤井) 능력 10미터 정도의 휴대용 반정기를 하나 구해 가지고 가고 싶다. 무게는 당나귀에도

투루판의 화염산

실을 수 있도록 70킬로미터를 넘지 않으면 좋겠다."

텐산 남북로를 여행하면서 한국 사람으로서 관심을 가질 만한 역사가 하나 있다. 당말 고구려 유민 고선지(高仙芝) 장군의 이야기이다. 고구려가 망한 후 677년에 당(唐)이 고구려 유민들을 중국의 하남과 간쑤성 지방으로 강제 이주시킬 당시 강제로 이주당한 고구려 유민으로서 고선지는 이곳에서 태어나 당의 장수가 되어 중앙아시아를 석권하고 실크로드를 개척했던 위대한 장수가 되었다. 『구당서(舊唐書)』에 의하면 747년에 현종은 안서도호부에 토번을 정벌하라는 조서를 내렸고, 이에 따라 고선지는 보병과 기병 1만 명을 이끌고 출전했다.

고선지 장군이 이끄는 원정군은 '세계의 지붕'이라고 부르는 파미르 고원과 힌두쿠시 산맥의 험로를 넘어 파미르 고원의 최고지점을 통과하여 파미르 천에 이르렀다. 그리고 다시 강행군하여 파미르 고원의 남단으로 가 현재 아프가니스탄 영토로서 당시에는 토번의 서북방 요새였던 곳을 공략했다. 고선지의 당군은 난공불락의 산성을 함락시키고 다시 카라코람 산맥을 넘어 길기트까지 원정했다. 이 원정은 해발 4천7백 미터나 되는 험준한 파미르 고원을 넘어야 하는 고행이며 강행군이었다. 토번군에 대승한 그는 당의 수도 장안(長安)으로 개선했다. 747년 현종은 고선지를 다시 안서도호부 절도사로 삼았다.

투루판의 고창고성

고선지는 750년 사이에 다시 한 번 톈산 산맥을 넘어 현재 우즈베키스탄의 수도인 타슈켄트에 있던 대식국을 정벌하러 나섰다. 그런데 서역 여러 나라가 연합해서 당나라에 대항했다. 751년 말에 탈라스 전투가 벌어지는데 고선지의 당군과 이슬람 군대 사이에서 벌어진 전투에서 패퇴하게 된다. 고선지의 당군이 패배함으로써 당나라의 중앙아시아에 대한 영향력이 없어졌고, 서역은 이슬람 세력이 장악하게 된다. 전쟁은 문화를 주고받는 기회가 되기도 한다. 이 전쟁에서 포로가 되어 아랍 지역으로 끌려간 당나라 사람에 의해 중국의 제지술과 화약제조술이 처음으로 서양에 전파하게 되었다.

　타림 분지의 북쪽 끝부분 투루판 근처의 해발고도는 해면보다 낮다. 가장 낮은 곳인 아이딘 호는 바다보다 154미터나 낮은 곳이다. 그래서 이곳은 무척 덥고 견디기 힘든 곳이다. 투루판은 우루무치와는 톈산 산맥을 사이에 두고 200킬로미터쯤 떨어져 있는 오아시스 도시로서 5세기에서 7세기에 걸쳐 사막에서 흥망한 고창(高昌)왕국과 11세기 위구르족이 세운 교하(交河)왕국의 옛터이다.

　시내에서 약 40킬로미터 서쪽으로 나오면 화염산(火焰山-산의 모양이 마치 불길이 타오르는 듯하다 하여 붙여진 이름으로 『서유기』에도 나온다)이 왼쪽에 수 킬로미터에 걸쳐 전개된다. 대부분의 방문객은 이곳에서 들러 사진을 찍게 마련인데, 한낮에는 사진 찍기가 쉽지 않았다. 맑은 날 오전 또는 오후 늦게 햇빛이 적당한 사광

투루판의 포도농장

(斜光)이 되어 명암을 만들어 주지 않으면 화염산의 사진 효과를 얻기가 힘들다. 이곳에서 얼마 더 가면 폐허만 남아 있는 고창고성(高昌故城)에 이른다. 고성은 바다 표면보다 40미터 낮은 곳이다.

　고성은 동서남북이 1.5킬로미터 정도의 규모가 큰 성곽인데, 성곽의 높이는 10미터는 되어 보였고, 성 안에는 왕궁터로 보이는 내성이 별도로 있다. 『대당서역기』에 의하면 현장은 629년 이곳에 와서 국왕에게 붙잡혀 있다가 국왕을 애달프게 설득하여 간신이 빠져나올 수 있었다고 한다. 당시 고창국 사람들은 이란계 백인으로 알려졌지만 문화는 중국의 영향을 많이 받았던 듯하다. 고창은 640년 당에 의해 정벌되고 역사 속으로 사라진다. 그후 당이 망하고 난 후에 위구르족 한(汗)국으로 존재하다가 몽고에 의하여 재정복되었다. 성 안은 나귀 마차를 타고 돌아볼 수 있었는데, 지금 폐허이긴 하지만 1400년 이상 오래된 고성 유적에서 나는 사람들이 살던 번화한 도성을 떠올려 보았다. 헐린 성곽 한쪽으로 성 밖으로 나오니 푸른 포도밭이 전개되고 그 뒤로 화염산이 시야에 들어왔다.

　투루판 교외 8킬로미터 서쪽에 고창고성과 거의 규모가 비슷한 교하고성(交河故城)이 있다. 고창보다는 후대인 11세기에 위구르족이 세운 차사(車師)국의 도성으로, 문자 그대로 두 개의 강이 만들어 준 섬 위에 길이 1,500미터, 폭이 300미터 정도

투루판의 교하고성

크기의 성이다. 좀 떨어진 언덕 위에서 보면 큰 배와 비슷하다는 생각이 든다. 성 안에는 대로가 한가운데 있어 주거지 사원이 고루 들어 있는데, 모두가 고스란히 남아 있어 묘한 기분을 자아낸다. 어떻게 지금까지 이런 흙으로 된 유적이 이렇게도 생생하게 남아 있을까 하는 생각을 하게 만들었다. 비록 흙으로 빚은 것이라 할지라도 사막 속에 사람들이 일군 건조물은 바람에 묻히지 않고 사람들에 의해 파괴되지 않는 한, 천 년 이상 중요한 형태가 그대로 유지될 수 있었던 것이다. 아니 그 이상이다. 여기저기 산재한 취락 흔적, 앙상하게 말라 썩어 가는 가옥의 목재들, 묻혔다 다시 나온 조각들, 이러한 타클라마칸 사막 속의 누란, 니야 유적은 적어도 2천 년 이상 보존된 유적들이다.

고창고성 부근에 있는 아스타나 고분을 가보았다. 고분은 고창고성과 화염산의 중간쯤 사막 한가운데 있다. 아스타나 고분은 미라가 그대로 전시되어 지금도 실세로 관광객이 들어가 볼 수 있도록 공개되어 있는 곳이다. 출토된 미라 얼굴은 비(非)몽고계인으로 보이나 출토된 유물은 중국의 영향을 많이 받은 흔적을 읽을 수 있었다. 부부를 합장한 관에서 중국의 비단 옷을 입은 왕과 왕비가 발견되었는데 한자로 매장자의 신분을 밝혔고, 나란히 묻힌 왕비는 순장된 것으로 판명되었다. 대단히 잔혹한 일이다. 고분은 5-6세기 번성했던 고창의 고분으로 믿어지는데 영국의 스타인

투루판의 교하고성

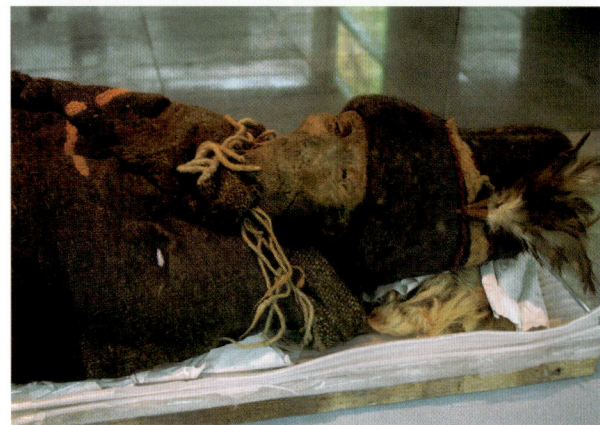

투루판의 아스타나 고분과 미라

(A.Stein)과 일본의 오타니(大谷)에 의해 귀중한 문물이 발견되어 세상에 알려지게 되었다. 묘의 양식은 중국풍으로 죽은 자의 성명·관명·매장일 등이 명기된 묘전(墓磚: 벽돌로 구운 묘의 전돌)이 출토되어 고창국 역사 해명에 큰 실마리가 되었다.

고창이나 교하고성은 아마도 현존하는 황토유산으로는 세계적인 규모이다. 이런 유적들이 사람이 거주하지 않으면서 어떻게 지금까지 남아 있게 되었을까. 이것은 사막의 건조한 기후 때문이다. 사막에서는 수천 년 된 미라나 목간, 건축물의 기둥과 같은 유물이 자주 발견된다. 그렇지만 후세의 사람들이 왜 이 자리를 그대로 놔두었는지는 수수께끼다. 아마도 왕국이 망하고 난 후 드넓은 성내에 떠돌아 다녔을지도 모르는 유령을 무서워한 것은 아닐까?

아스타나 고분에서 북쪽으로 5킬로미터 정도 가면 투루판의 대표적인 석굴인 베제클릭 천불동이 있다. 천불동에는 57개의 석굴이 있다는데, 내부의 찬란한 벽화는 역사의 과정 속에서 대부분 파괴되고 뜯겨지고 말았다. 이곳에 정착한 위구르인들은 12세기까지 불교를 믿다가 이슬람교로 바뀌면서 우상숭배를 배척하는 종교적 이유로 석굴 내부의 불상과 벽화를 훼손시켰다. 그후 20세기 들어 스타인과 르 콕(Le Coq), 그리고 오타니에 의해 뜯겨졌으며, 오타니의 수집품 중 일부는 우리나라 국립중앙박물관에 전시되어 있다.

베제클릭 천불동 프레스코 벽화

나는 단체의 일원으로 왔다가면서 아무래도 부족하여 투루판 시내에서 택시를 대절하여 화염산과 베제클릭 석굴을 다시 찾아갔다. 그러나 이것은 요즈음이나 가능했던 일. 이곳을 찾았던 일본의 작가 시바 료타로(司馬遼太郞) 일행은 중국 정부의 특별허가를 받아 1975년경 이곳을 찾았다. "투루판에서 동쪽으로 50킬로미터 지점에 있는 베제클릭 천불동에 가기 위해서 일행이 다섯 대의 차에 분승하여 떠났는데 목적지에 와 보니 한 대만 도착했고 나머지는 길을 잃어버려 도중에 포기하고 말았다. 고비라는 들판이 얼마나 어려운 길인가를 실감했다. 이곳에서는 자동차 바퀴의 궤적이 남아 있지 않고 바람이 약간만 불어도 궤적이 지워지기 때문이다." 우리나라 여행가 김찬삼은 1988년경 자동차로 실크로드를 횡단하고 히말라야를 넘어 유럽까지 답사여행을 하면서, 둔황 밖 위면관(玉門關)을 찾아가는데 중국인 운전기사가 길을 잃어버려 가지 못했다고 술회하고 있는데, 그때만 해도 얼마나 사막 여행이 어려웠는지 실감할 수 있다. 현장 같은 대승도 8세기 타클라마칸 사막을 건너면서 악마의 대열과 만났다고 『대당서역기』에서 술회하고 있지만, 고대 사람들은 이런 장애물을 넘고 이겨내 모래의 바다를 극복하였던 것이다. 요즈음은 길이 잘 정비되어 있고 고속도로도 개통되어 이런 엄청난 곳의 유적과 문화에 손쉽게 접근할 수 있으니 얼마나 다행인지 모르겠다.

투루판 사막

투루판에서 하미 가는 국도

타림 분지 주변 산록에 이어지는 오아시스 도시가 모래에 묻히거나, 물이 귀해져서 없어진 도시나 취락이 있다는 것은 잘 알려진 사실이다. 이러한 사실은 현장의 『대당서역기』에 열거되는 수많은 도시들을 보면 알 수 있다. 고고학자 발굴 보고에 의하면 특히 한과 당대에 유적이 많이 없어졌다는데, 이유는 그때에는 지금보다 물을 얻기가 좀더 쉽지 않았을까라는 추정이 가능하다.

오래전부터 이곳에 사람들이 살았다. 이 불모의 땅에 어떻게 살았는가? 오아시스 주변 물 있는 곳에서 농사를 짓고, 점점이 이어진 오아시스 사이에 상인들이 상품을 교역하면서 사람들이 몰렸다. 그러면서 큰 오아시스에는 도시국가가 형성되었다. 오아시스에 '바자르(bazaar)' 즉 시장이 있고 오가는 상인들의 숙박촌이 있다. 오아시스 에는 물을 얼마만큼 확보할 수 있느냐에 따라 인구수와 규모가 결정된다.

오아시스 농사는 전적으로 물길을 대는 관개농사이다. 장예와 우웨이는 오래전부터 치롄산에서 흘러내리는 물을 이용하여 농경지대를 이루었고, 둔황 지역도 가까운 쿤룬산 지류에서 내려오는 물을 이용하여 농사를 짓는다. 사막은 연중 건조하고 여름은 대단히 무덥기 때문에 물만 제대로 공급되면 농사는 아주 잘되기 마련이다. 포도와 신장 멜론, 면화와 그밖에 향신료가 많이 생산된다. 오아시스에서 나온 농산물은 맛도 좋고 품질도 대단히 좋다. 사막엔 물이 많지 않기 때문에 모기도 없다고 한다. 투루판 포도 단지에서 포도를 재배하는 위구르 사람들은 여름밤 포도나무 넝

쿨 밑에 평상을 놓고 전기를 켜놓아도 달려드는 나방이 없다고 한다.

황량하기 그지없는 화염산 밑에 포도밭 계곡이 있다. 어떻게 포도밭이 그렇게 즐비할까. 대답은 관개수로의 덕분으로, 여기의 용수는 톈산 산맥에서 흘러내려 오는 물줄기를 이용한다. 중국 정부는 1950년대 이후 15년에 걸쳐 만년설이 쌓인 톈산 최고봉 보고타 봉(해발 5,445미터) 밑에서부터 만년설이 녹은 물을 끌어대는 '인민대거(人民大渠)'라는 관개용수로 공사를 대대적으로 벌여 투루판 분지에 물을 대게 하였다. 수천 년 전부터 이 지역에서는 카레즈(karez)라는 수로를 개발하여 톈산의 물을 이용해 농사를 지어 왔는데, 투루판 지역에는 이런 카레즈가 모두 470여 개, 총 길이는 1,600킬로미터 정도로 거미줄 모양으로 건설되어 있다.

투루판의 포도농원

카레즈는 높은 산에서 흘러내리는 물줄기가 사막 표면에서 증발하는 것을 방지하기 위해서, 30-40미터 간격으로 지하에 굴을 피서 만든다. 지상에서 얕은 곳은 3미터, 깊은 곳은 30미터나 우물처럼 땅속으로 파고 들어간 다음 다시 상류로 높이 1미터 남짓 폭 1미터의 용수로 굴을 파서 연결하는 아주 힘든 작업을 해야만 한다. 여기에는 고도의 기술이 필요하며 유지하는 데도 많은 인력이 투입되어야 한다. 카레즈를 제대로 유지 관리하지 못하면 물을 얻지 못해 농사와 취락은 없어지는 것이기 때문에 처절할 정도의 노력을 기울인다. 투루판을 방문하여 카레즈를 보고, 인간이 황량한 자연을 이용하는 지혜를 보았다.

위·아래, 투루판의 농촌

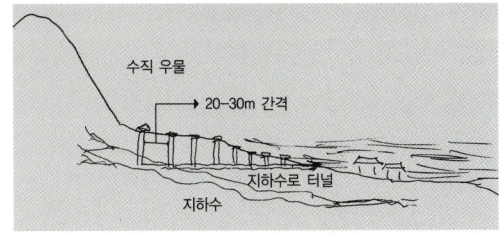

수직 우물

20~30m 간격

지하수로 터널

지하수

위·아래, 카레즈 사진과 개념도

사막의 농사는 모두 이렇게 힘들게 지어진다. 인력이 부족한 고대에서는 사막에서 경작지를 개간하는 것이 어느 만큼의 노력을 필요로 했을지 상상할 수 있을 것 같다. 근대에 들어와 정부의 정책적 지원과 기계의 도입으로 사막 오아시스도 여기저기 한참 개간되어 왔고, 개간이 계속되면서 인구는 점점 증가되어 왔다.

투루판 분지는 예로부터 실크로드의 요충지로 번성하였다. 세계에서 가장 낮은 곳 중에 하나인 투루판은 인구 25만 정도로, 그 중에 위구르족이 70퍼센트를 차지한다. 위구르족은 이곳에 10세기경 들어와 정착한 것으로 되어 있는데, 사람들의 생김새는 파란 눈에 터키 사람들과 비슷하다.

시내로 들어가니 로터리에는 포도 따는 여자를 묘사한 동상이 눈에 띄고, 곳곳에 가로수로 투루판 명물 포도나무를 심어 놓아서 길 위로 포도넝쿨이 아치 모양으로 덮여 도로가 등나무 그늘처럼 시원한 느낌을 준다. 더운 여름 해를 막는 조경 도로이며, 포도 명산지 축제에 대비하는 사업인가 보다.

해마다 8월에는 포도축제가 대대적으로 열린다. 투루판 포도는 신선한 과일로도 판매되지만 건포도와 와인으로 많이 쓰인다. 교외에는 포도를 말리는 집이 독특하다. 지붕은 평지붕인데, 흙벽돌로 벽을 쌓되 통풍이 잘되도록 사방 벽을 바둑처럼 구멍을 내어 지었다.

바자르를 찾아가 보았다. 무슬림 흰 모자를 쓴 남자들이 난을 구워 팔거나 양고기

투루판에서 생산된 건포도

를 베어 파는 모습에서 이슬람 지역 바자르의 풍취를 물씬 느낄 수 있었다.

얼마 전까지만 해도 신장은 동 투르키스탄으로 불려왔던 곳이며, 18세기 약 200년 전에 청나라 건륭제 때 확장된 것이다. 이때 청은 톈산 산맥 북쪽 중가르 분지에 존재하던 투르크족 연합국가를 멸망시키고 지역을 복속시킨 다음 새로운 영토라는 의미에서 신장(新疆)이라고 명명했다. 신장의 면적은 168만 제곱킬로미터로서 우리나라 면적의 약 17배이나 인구는 약 2천만, 이 중에 위구르족이 대부분이고 회족·몽고족·한족이 섞여 살고 있다. 위구르인들은 10세기경에 이곳으로 들어온 것으로 알려졌는데, 처음에는 불교를 신봉하다가 이슬람교가 전파되면서 개종했다. 위구르족은 터키계 황색인종으로 돌궐(Turks)인이 조상이다. 하지만 서역에서 오래 살아서 그런지 서양인의 체구와 모습을 많이 지니게 되었다. 돌궐은 5세기에서 8세기에 이르기까지 흉노에게 밀려 서역 초원과 오아시스 지역에 돌궐로 알려진 강력한 부족국가를 건설하여 중앙아시아를 지배했다.

근년에 사막 가운데서 많은 유전과 광물자원이 발견되면서 신장지구의 경제적 가치를 새롭게 해주고 정부의 투자도 많아 한족의 이주가 두드러지고 있다. 중국은 1962년 란저우에서 둔황을 거쳐 우루무치로 연결되는 장장 3천 킬로미터의 난강(蘭疆, 란저우=신장) 철도를 부설하였고, 2006년에는 칭장(靑藏, 칭하이-티베트) 열차

우루무치 시내의 노점

가 개통되어 티베트까지 정치적·경제적으로 통합하고 있다. 타클라마칸 사막 한가운데서 유전이 발견되면서 타림 분지 종관 국도가 부설되어, 톈산 남로 구처(庫車)에서 서역남로 민펑(民豊)까지 버스로도 관광이 가능하다.

근년에 들어 이 드넓은 타클라마칸 사막에도 개발의 바람이 불기 시작했다. 하지만 1920년대 이후 위구르족의 독립 요구도 티베트 못지않게 강한 듯하다. 마중영(馬仲英)의 반란 이후에도 기회 있으면 위구르족은 중국으로부터 분리 독립을 요구하고 있다. 베이징 올림픽을 앞두고 신장에서는 몇 번의 테러 공격이 있었다고 보도되었는데, 이는 모두 위구르족의 독립 요구였다.

투루판을 떠나 우루무치로 가자면 톈산 계곡을 2시간 정도 지나야 된다. 톈산은 사막과 초원의 경계가 되는 길고 커다란 산괴로서 톈산 산맥 북쪽과 알타이 산맥 사이에 커다란 초원지대가 이루어져 있으며, 톈산 산맥의 크기는 연장 2천 킬로미터, 폭은 거의 4백 킬로미터로서 한반도보다 훨씬 크다. 톈산 산맥은 서쪽 중앙아시아 파미르 고원의 북단에서 부풀어 오르기 시작하는데 군데군데 단절되어 계곡과 초원을 이루면서 신장성을 가로질러 몽골 고원에 앞에서 끝난다. 산맥에는 보고타 봉(5,545m)을 비롯하여 4-5천 미터의 준봉이 이어지며, 산봉우리에 부딪친 구름이 눈비가 되고 눈 녹은 물이 흘러 타림 분지 사막과 중가리아 분지 초원을 이룬다. 지도를 보면 톈산에서 흘러내리는 물줄기가 강을 이루고 커다란 호수를 이루는 것을 알수 있다.

백양하(白楊河)를 좇아 난 톈산의 고속도로와 저지대에서 이미 오르기 시작하는 철도가 쌍으로 톈산의 남과 북을 연결해 준다. 우루무치에서 투루판으로 가는 도중 소초호(小草湖) 톨게이트 앞 휴게소에서 잠시 쉬는 틈을 이용하여 산과 고비 사막을 찍으려고 휴게소 뒤로 돌아가니 바람이 어찌나 센지 걷기조차 힘들었다.

자동차가 마른 내 옆 고속화도로를 한창 올라가니 톈산의 최고봉 보고타 봉이 수려하게 보이다 말다 한다. 달판성(達坂城)까지 오면 계곡이 끝나고 탁 트인 초원 벌판이 나오는데 톈산 입구 일대에는 수백 개의 풍력발전기가 설치되어 장관을 이루고 있었다. 이곳은 1935년 마중영이 신장에서 반란을 일으켜 장제스 국민당 정부와 대결할 때에 대격전이 벌어진 곳이라 한다. 국민당 정부는 힘이 모자라 스탈린의 소련 정부까지 끌어들여 진압했고, 소련과도 가까웠기 때문에 러시아의 영향이 많았던 곳이다. 돌아가는 풍력발전기를 옆으로 하고 한참 달리니 왼쪽으로 커다란 염호가 나타나는데 호수에서는 소금 채취가 한창이었다.

시내로 향하자 시가지의 모습이 서서히 드러난다. 우루무치는 톈산 북쪽 산록에서 중가리아 초원이 시작되는 접점으로서 신장웨이우얼자치구의 수도로, 인구 2백

만에 가까운 이 지역의 정치·경제·문화·교통의 중심지이다. 우루무치는 몽고어로 '아름다운 목지'의 뜻이라 하는데, 지금 우루무치는 목지가 아니다. 옛부터 신장의 교역중심지였다.

도심 한가운데 있는 홍산(紅山) 공원에 오르면 서울의 남산에서 보는 것처럼 고층 건물이 즐비한 사막 한가운데 세워진 현대 도시의 면모를 볼 수 있다. 시내 중심지 '국제 바자르'는 이슬람식 건축으로 지은 규모가 큰 시장으로, 수많은 사람들로 활기가 넘쳤다. 고깃간엔 돼지, 양머리가 그대로 노출된 잡은 지 얼마 안 된 생고기를 파는 풍경이라든가, 구이집에선 양 한 마리를 통째로 꼬치에 끼워 굽는 모습도 보였다. 터키 음식 시시케밥은 도처에 널려 있다. 위구르인들의 즐기는 양고기 굽는 냄새가 진동하던 야시는 볼 만했다.

우리가 가던 날 밤은 마침 인기가수의 공연이 있어서, 수천 명이 모여 인산인해를 이루고 있었다. 지금 서역은 현대화의 소용돌이 속에 하루가 다르게 변화하고 있다. 옛 유목 생활과 오아시스 생활은 박물관에 가야만 찾아볼 수 있다. 신장박물관은 신장 각지에서 출토된 유물 2천 점을 전시하고 있는데, 특히 사막 건

달판성의 풍력발전기

조지대에서 출토된 니야 유물과 아스타나 고분 유물 그리고 미라가 여러 점 전시되어 있어 볼 만했고, 유목민족의 의상이 전시되어 사막과 초원 사람들의 생활상을 엿볼 수 있었다.

우루무치 시내에서 서북쪽으로 120킬로미터 떨어진 천지를 보기 위해 교외로 나갔다. 6월 초라 포플러가 정연하게 늘어선 들판에는 밀밭의 푸르름이 한창이다. 관개농지가 끝나는 지점부터 들판은 잔돌이 가득하고 공사장 흙을 쏟아 놓은 듯한 작은 봉우리와 낙타풀이 여기저기 눈에 띄었다. 개울가는 풀과 나무의 군락지를 만든 전혀 다른 풍경. 톈산 호로 올라가는 개울가엔 수십 년 자란 동목(桐木)이 급류에도 떠내려가지 않고 제자리를 지키면서 생명력을 과시한다. 아마도 뿌리가 매우 깊은 모양이다. 가이드의 설명에 의하면 동목은 산이 떠내려가도 끄떡도 하지 않는 나무란다. 천지에 오르자 고도 때문인지 매우 추웠다. 톈산에 올라가는 개울가에도 톈산 호수 옆 고지대에도 카자크족의 유르트를 많이 볼 수 있었다.

위구르족 처녀

천지는 보고타 봉 북쪽의 길이 약 3킬로미터, 폭 2킬로미터가 안 되는 별로 크지는 않은 호수로서 천지의 표고는 1,980미터로 한라산보다 높다. 이곳을 관광자원화하려고 도로를 뚫어 놓고 입구부터는 일반 차량의 출입을 통제하면서 전동차를 이용하게 하고 있다. 천지 호수 기슭에는 전설의 서왕모(西王母) 사당을 만들어 놓았다.

우루무치의 시장인 바자르 입구

서왕모의 전설은 각양각색이지만 대표적인 것은 중국에서 서쪽으로 멀리 옥산(玉山)이라는 산에 살고 있던 도교(道敎)의 신이었다는 이야기인데, 이곳 톈산 보고타 봉이 바로 옥산이라는 이야기이다. 가이드는 주(周)나라 때 주왕을 초청하여 연회를 베풀었던 곳이라 설명해 주었다.

사막에서 자라는 풀

우루무치 시내에서 남쪽으로 약 70킬로미터 떨어진 톈산 산록에 남산목장이란 관광농원에 가보았다. 산록 밑에 카자크족 주민 1천여 명이 말·소·양 2만 여 마리를 방목하면서 관광목장으로 운영되는 곳이다. 시내를 벗어나자 눈앞에 우뚝 다가서는 톈산 산맥의 연봉은 변하지 않는 것 같은데, 벌판을 한참 가서야 서서히 근경이 보이기 시작하고 더 앞에 가서야, 산록의 푸른 초지가 자연 그대로인지 사람이 갈아서 일군 경작지인지가 구별되었다. 10여 킬로미터 전방에서 톈산 산맥 밑 취락지구가 보이기 시작했다.

남산목장에 이르니 지금까지 보던 사막 풍경은 아니다. 산비탈에는 낙엽송과 여러 나무들이 빼곡하다. 산 아래로 내려가자 골짜기에서 폭포의 물 떨어지는 소리도 들려 왔으니 수량이 풍부함을 알 수 있었다. 관광사업화가 꽤 진행되어 마을 안에 들어가면 손님용 화장실이 따로 있었고, 관광 전시용 유르트로 들어가 카자크족의 생활상을 엿볼 수 있었으며, 마부가 이끌어 주는 승마 체험도 할 수 있다.

여기서부터 북으로 알타이 산맥까지, 서쪽으론 파미르 고원까지, 동으로 고비 사막까지 이어지는 광활한 초원지대 중가리아 분지가 전개된다. 이른바 스텝 지대(steppe zone)로 불리는 건조한 온대 초원지대이다. 연간 강우량은 500밀리 이하이지만 광활한 목초지가 이루어져 가축을 기르면서 풀을 찾아 이동하는 사람들이 사는 곳이다. 유목민족은 항상 이동하면서 살아야 하니까 주택도 설치·해체가 쉽고 간단해야 한다. 땅을 소유할 필요가 없고 가구도 이사하는 데 번거롭다. 그래서 농경민족과 달리 주거건축, 농구와 같은 문화를 남겨 놓은 일이 없다. 유목민은 물을 얻기가 편한 강과 호수나 아니면 드센 바람을 피하기 쉬운 산록의 좋은 초지를 찾아서 이동한다. 유목 단위는 몇 십 명이란 집단 단위가 생기며, 비상시에 유목민 단위가 연합하면 조직화·군대화도 쉽게 이루어진다.

이들의 주거지는 풀을 먹일 수 있는 여름의 하영지(夏營地)와 겨울을 지내는 동영지(冬營地)를 오가면서 산다. 유목민들에게는 영토에 대한 자기들만의 전유 개념은 없다. 그들이 사는 일 년 사이클은, 봄엔 양을 낳고 여름에 크게 키우고 가을엔 도축하고 다시 봄에는 털을 깎는 순서이다. 그들의 생활은 모든 것을 주어진 범위 안에서 자족해야 하기 때문에 넉넉함은 없게 마련이다. 유목민은 교환할 물건이 빈약하고, 극심한 한발이 닥쳐오기라도 하면 목초지가 메마르게 되고, 가축과 더불어 살기가 어려워진다. 이러한 실상을 치롄(祁連) 산지나 내몽고 초원지대에서 목격할 수

텐산 카자크족의 방목지

있었다.

역사적으로 중가리아 분지에서 몽골 초원지대에 이르는 대공간은 흉노·선비·돌궐·몽고족들이 본거지로 삼았던 목축 기마민족의 땅이다. 유목민족 문화는 말을 길들여서 사람들의 이동수단과 전쟁도구로 삼았고, 금(金)의 문화를 남겨 놓은 것이 특징이다. 말을 생활수단으로 삼으면서 기마유목민족이 되었는데, 유물은 간혹 발견되는 고분 이외에 문화유산으로 남아 있는 것이 별로 없다. 이곳에서 살던 역사에 나오는 민족은 다 어디로 갔는지 가늠하기 어렵다.

2007년 8월, 칭하이 호 치롄 산맥을 넘어 하서회랑을 가로질러 황하 황토고원을 다녀오게 되었다.

시안을 나와 서역으로 향하다 보면, 서북 방향으로 향하다가 간쑤성 하서회랑을 지나서 둔황부터 실크로드는 세 갈래로 갈라진다. 즉 둔황에서부터 타클라마칸 사막 남단인 호탄, 니아, 야르칸트, 카슈갈 오아시스를 지나는 길이 서역남로이고, 사막 북쪽 끝의 톈산 산맥 남쪽의 오아시스 도시 하미, 선선, 투루판, 쿠쳐, 아쿠스를 거쳐 가는 길이 톈산 남로, 톈산 산맥 북쪽으로 중가리아 분지를 거쳐 파밀 고원으로 향하는 길을 이른바 톈산 북로라고 하였다. 이와 같이 실크로드는 대략 세 갈래로 길이 나누어진다고 하지만, 어떤 일본 학자는 이를 다시 세분하여 다섯 갈래로 나누기도 한다. 란저우부터 하서회랑을 지나는 길이 가장 손쉬운 서역으로의 길이긴 하지만, 티베트 고원의 일부 칭하이 호 옆을 지나 고산지대를 경유하여 치롄 산맥 끝자락을 넘어 둔황으로 나가는 길이 있다. 칭하이 호 북단을 거쳐 둔황에서 서역남로로 이르는 이 길은 그리 많은 사람들이 오간 길은 아니다.

이 길은 5세기부터 7세기 사이에 하서회랑이 막혔을 때나 정세가 불안정할 때 이용하던 길로 동서교역에 커다란 역할을 한 것으로 알려졌는데, '칭하이의 길'이라 부른다. 이 길은 란저우에서 칭하이성 성도 시닝(西寧)이 이르러 해발 3,000미터가 넘는 청장고원에 들어간 다음 중국 최대의 염호 칭하이 호를 지나 차이탐 분지를 지나고 알첸 산맥을 넘어 타클라마칸 사막에 이르는 전장 1,800킬로미터 실크로드의 지선을 말한다. 일본의 사학자 마츠다(松田)는 이 지역을 마치 오차로(五叉路-다섯 개의 교차로)로 비유하였는데 그는 "칭하이 지방을 한 사람의 인간에 비유하면, 머리는 중앙아시아 파미르 고원에 두고, 왼손은 북쪽의 메마른 고비 사막에, 오른손은 티베트 고원에, 왼발은 중국문명이 일어난 황하지대에, 오른발은 양쯔강 유역의 화남 지방에 둔 듯한 지형적 특징을 지니고 있다"고 하였다. 지배세력이 쇠퇴하여 하서회랑이 통행이 불안했던 시대에 이 길은 대체 루트였던 셈이다.

모든 교역은 지역을 지배하는 확실하고 실질적인 지배 세력이 있을 때에만 가능하다. 당나라 때 최고에 이르렀던 실크로드 교역은 당이란 강대국에 의한 안전보장이 이룩되었을 동안만 가능했던 것이다. 칭하이 호에서 300킬로미터 떨어진 사막지대 두란(都蘭) 마을 열수대묘(熱水大墓)에서 1980년대 중반에 다량의 유물이 발견되었는데, 실크만 130종류, 350점이 나와 실크로드의 중요한 교역로였음이 증명되었다. 유물 가운데 한 점에는 좌선하는 모습의 그리스 신화에 나오는 태양신 아폴로가 수놓아져 있었다고 한다. 1천 년 전에 중국에서 짠 실크에 그리스 신화의 인물이 등장한 것을 보면, 무엇보다도 동서 문화교류의 폭을 엿볼 수 있다. 유물의 주인공은 4-5세기에 이 지방에 나타나 동서남북의 교역로를 장악한 토곡혼(吐谷渾)이란 투르

크. 토곡혼은 기마민족 선비족의 한 부족으로서 요동반도에서 칭하이 지방으로 이주하여 세운 후 약 200년 동안 무역의 실권을 장악하면서 번영하였었는데, 티베트족 토번에 의하여 멸망한 이후 역사의 무대에서 사라진 몽골 계통의 왕국이다. 그들이 요동반도에서 이주해 온 선비족의 일부였다면, 우리 조상인 고구려나 부여와도 친밀한, 우리나라 역사와도 관련을 맺었던 몽골계 민족이 아니었나 싶다.

'칭하이의 길'이 시작되는 칭하이성 시닝까지는 비행기와 버스를 번갈아 타야 하는 긴 여정인데, 밤중이긴 하지만 하루 만에 도착한 것은 참으로 다행이었다. 실크로드란 길의 한 지선으로 칭하이의 길이 있다는 것은, 무척 아름다운 이미지를 떠올리기에 충분한 이름이다. 다행이 이번에는 칭하이성과 치렌 산맥을 넘어 하서회랑으로 빠져 간쑤성 일대의 풍광을 담는—사진가들과 함께 떠나는—여행에 참가하여 이곳에 오게 된 것이다.

란저우 비행장을 벗어나자 곧이어 길은 신장과 칭하이로 가는 분기점에 이르렀다. 곧 바로 어두운 야행길이라 연도의 풍경은 가늠하기 어려웠지만 부분적으로 고속도로가 완공되어 있어 시닝까지는 3시간 가량 걸렸다.

'칭하이의 길'은 한편으로 '하늘의 길'이라고도 하는데, 해발 3,000미터 이상의 높은 산지에 구름이 겨우 땅 위에 얹혀 있는 듯한 느낌을 표현한 이름일 것이라 생각

칭하이 고원에 방목중인 양떼

된다. 이 칭하이 호 지방이 동서교역사에 등장하기 시작하는 것은 약 5세기부터이다. 이 지역은 티베트의 일부였는데, 20세기에 들어와 중화민국 수립 후 칭하이성으로 이름이 바뀌었다. 고대로부터 칭하이 호 지역은 중국 왕조와 티베트 경계에 놓여 있어 이 지역의 패권를 놓고 전란이 그치지 않았지만, 한족 왕조로서는 별로 차지해 본 적이 없던 오랑캐 땅이었다.

칭하이 고원의 오보

우리는 다음 날 아침, 황하구곡(黃河九曲)의 하나인 이가협(李家峽)을 향해 출발하였다. 길은 계속 오르막길이요, 간밤에는 비가 억수같이 내렸다. 칭하이 호는 해발 3,200미터의 고산지대에 있는 염호이며, 티베트로 가는 이른바 티베트 고원(靑藏高原)이 시작되는 곳이다. 이 지역은 건조한 사막지대와는 다른 기후 특징을 보인다. 즉 칭하이 호의 물이 증발하여 5천 미터급의 산맥에 부딪친 구름이 찬 공기와 마주치면서 비도 제법 내리는 습한 기후로, 고산지대 식물이 잘 자란다.

우리는 둘째 날 황하구곡을 찾아가다가 지난밤 밤새 내린 폭우로 길이 끊겨 목적지에 가지 못하고 돌아와서는, 귀덕(貴德)으로 가는 중 4천 미터에 가까운 고산지대 고갯길에서 군데군데 산사태가 일어나 아슬아슬하게 지나갔다. 한군데에 이르러서는 그만 산이 무너져 내려 토사가 길을 덮어 버렸다. 차량들이 더 이상 전진하지 못하고 서 있었다. 그런데 근처에 있던 농부가 경운기로 재빠르게 임시 우회도로를 만들어 주어 가까스로 통과했다. 농부는 진창을 통과하는 차량들에게 통행세를 물렸다. 그날 저녁은 행선지를 바꿔, 저녁 무렵 칭하이 호에 이르렀다.

1990년대 초까지 이곳은 외국인들에게는 통행금지 구역이었다. 1935년 신장반란이 일어났을 때 영국의 『타임스』지 기자 피터 플레밍(Peter Flemming)은 프랑스 여기자 엘라 밀라트(Ella Millart)와 내전에 휩싸여 있던 신장을 취재하기 위해 베이징에서 시안-란저우-시닝-코코놀(칭하이 호)을 거쳐 카슈가르까지 여행하고 서방세계에 칭하이와 타클라마칸 지방의 생생한 현실을 소개한 기행문을 남겼다. 기행문을 읽어 보니 당시 그들이 지나간 여로는 고생스럽기 그지없었다. 지방으로 이동할 때마다 지방관헌으로부터 비자를 얻어야 여행할 수 있었으며, 납득하지 못하는 정경이 한두 군데 나오는 것이 아니었다.

우리나라 작가로선 1990년 김찬삼 씨가 인솔하는 구아(歐亞)답사반 일행이 이 길로 여행하여 기행문을 남겼다. 중국과 수교가 이루어진 시점이었지만 외국인에겐 아직 통행제한구역이나 허가구역이 많아서, 서역남로에서 바로 칭하이 지방으로 들어와 티베트로 가려다 호탄에서 공안에 들켜 멀리 카슈가르로 호송되는 장면도 있었다. 이런 어려운 길이었지만, 지금은 잘 뚫린 도로망과 경찰의 검문검색 없이 마음대로 다닐 수 있게 된 것이다. 얼마나 편하게 다니는지….

우리는 귀덕(貴德)으로 가는 길에 문성공주(文成公主)의 일화가 새겨진 일월산(日月山)을 통과했다. 8세기 당나라가 한창 건국에 분주할 때 티베트에서는 송첸캄포(松贊干布)라는 군주 겸 종교지도자가 나서 티베트 고원을 지배하면서 강국으로 부상하였다. 당의 수도 장안까지 진격한 토번 왕은 당태종에게 화친을 제의했다고 하는데, 『구당서(舊唐書)』는 이때 상황을 이렇게 적고 있다. 즉 송첸캄포가 "군사를 퇴각시키며 사신을 보내 사죄하고 혼인을 청하니 당태종이 이를 허락했다"고…. 수모를 당한 당태종이 할 수 없이 문성공주를 토번 왕에게 시집보낸 것을 강대국의 역사서는 그렇게 기술하고 있다.

장안에서 티베트까지 장장 3천 킬로미터나 이어진 문성공주의 혼인길은 많은 야사를 남겼다. 칭하이성의 도류하(倒流河)는 문자 그대로 거꾸로 흐르는 강이라는 뜻인데, 머나먼 낯선 적지로 시집가는 문성공주의 눈물이 동쪽으로 흘러 이루어진 강이라는 전설이 있는 곳이다. 일월산 산정에 문성공주 기념비가 높이 세워져 있다. 문성공주는 이때 티베트에 불교를 전수한 것으로 알려졌는데, 이때 전해진 것이 티베트의 라마 불교라고 한다.

나는 이 근처에서 멀지 않은 타르사(塔爾寺-또는 쿰붐 사원)를 방문할 수 있기를 고대했는데 뜻대로 되지 못했다. 티베트 밖에 있는 라마 불교의 최대사원으로서 외국 탐험가와 여행가들이 격찬한 사원이다. 매년 2월 사원에서는 새마제(塞馬祭)라는

칭하이 호 사구의 오보

불교의식이 거행되는데, 화려한 의상을 입은 승려가 언덕에 거대한 장막을 펼쳐 걸고 춤추고 노래하는 티베트 불교 최대의 의식이다.

티베트에는 어린 동자승이 많다고 한다. 이들은 한참 부모 밑에서 학교에 다니거나 할 나이인데 사원에서 허드렛일을 도와가면서 수행을 한다. 이들은 과연 자신의 자발적인 의사에서 가출한 것일까 아니면 경제적인 이유, 다시 말하면 먹고 살기 힘들어 불교 승려로 입산한 것일까 궁금하다. 티베트 말로 '오보'라는 오색띠로 장식한 라마 불교의 돌로 쌓은 사당을 군데군데 발견할 수 있었다. 오보는 칭하이 호 호숫가나 굽이굽이 넘고 넘은 5천 미터 가까운 높은 산속에서도 흔히 보이는 티베트 사람들의 사당이다. 칭하이 호는 예부터 신앙의 대상으로 신이 사는 곳으로 사람들이 경외하던 곳이었다.

칭하이 호는 탐험가들에 의해 서양에 '코코놀'이라고 소개되었는데 '코코놀'은 몽고말로 '아름다운 바다'를 뜻한다고 한다. 말이 호수이지 해발 3천 미터가 넘는 곳에 있는 바다다. 처음 본 칭하이 호는 그야말로 푸르렀다. 호수 해면이 아름다운 푸른색을 띠어 '하늘의 사파이어'라고 불리기도 하는데, 푸른 하늘이 반사되어 더욱 푸르게 보이는지도 모른다. 호숫가 멀리 산 밑에 흰 구름띠가 허리띠처럼 길게 늘어져 있었다. 이는 호수의 수분을 띤 공기가 주변 산에 부딪쳐 생기는 칭하이 호의 독특한 풍경이라 한다. 푸른 수면을 배경으로 호숫가에 7-8월에 만개한 유채꽃밭이 끝

오보

칭하이 호숫가에 핀 유채꽃

없이 전개되어 있었다. 유채는 이 지역 농민에게 없어서는 안 될 유일한 경제작물로서 우리의 '유채꽃 촬영 목적지'는 8월에야 활짝 핀다는 눈 덮인 치롄 산맥 산속 마을 문원현(問源縣)이었는데, 다음 날 방문해 보니 며칠 전의 폭우와 우박으로 산록에 그득해야 할 유채꽃은 거의 모두 쓰러지고 말아 사진에는 아무것도 담을 수가 없었다. 아마 농민들도 많은 손해를 보았을 것이다.

산과 물이 있어 사막과 다른 모습으로 도처에 아름다운 산천이 펼쳐져 온다. 칭하이 호 근처, 모래가 쌓여 생긴 사도(沙島)로 촬영을 갔다. 비개인 더운 여름 넘어가

칭하이 고원의 회족 마을

는 태양을 배경으로 대상(隊商)을 촬영하려고, 낙타 몇 마리를 돈을 주고 연출시켜 촬영에 여념이 없었다.

여행중 우리는 방목하러 가는 양떼와 소떼에 길이 막혀 한참 동안 길을 갈 수 없었는데, 이런 돌발상황은 사진을 촬영하는 이들에게는 오히려 횡재나 다름없는 기회였다. 칭하이 고원 지대의 삶은 사막과는 달리 전적으로 유목과 부분적인 유채 재배 등에 의존하는 듯하다. 따라서 한곳에 자리 잡고 사는 마을이 흔치 않은, 양을 몰고 이곳저곳을 떠돌아다니는 유목생활이 중심이다.

홍산 지구의 한 마을을 찾아갔다. 홍산 지구는 산의 토층이 형형색색으로 잘 조화되어 참으로 색이 곱고 아름다운 산지로서 우리의 촬영 목적지의 하나였다. 산이 깊어 물은 풍부한 편이지만 농토는 그리 많아 보이지는 않았다. 언덕 위에 펼쳐진 장족 마을에서 우리나라 50년 전의 시골 모습을 떠올려 보았다.

다른 한 마을을 찾았다. 높은 산언덕 위에 있는 회족 마을이었다. 이슬람교를 믿는 회족 남자들은 흰 덮개 모자를 쓰고 여자들은 차도르와 같은 베일을 둘렀다. 가옥 건물은 겨우 기본적인 생활을 할 수 있을 정도의 최소 수준의 것들이었는데, 이곳에 회교사원이 우뚝 서서 다른 민가를 초라하게 보이게도 하였다.

또 다른 마을을 찾아갔는데, 한족 마을이라 한다. 그러나 한족이건 장족이건 회족 사람들이건 간에 생활수준이나 민가들의 생김생김은 크게 달라 보이지 않았다. 아마도 지은 지 얼마 되지 않은 까닭일 것이다. 중국에서는 유목민들이 정착하도록 정책적으로 집을 지어 주고 있다고 한다. 생활기반이 유목인 사람들은 양과 들소 떼를 몰고 먹이를 따라 계절적으로 이동해야 하기 때문에 공급해 준 집은 겨울에 잠시 사는 곳이고, 방목할 수 있는 여름철에는 가축을 따라 이동해야 하므로 비어 있는 집이 많았다. 들판에는 군데군데 파오를 치고 생활하는 모습을 목격할 수 있었다.

오지 여행에서, 길에 오가는 사람이나 시장에서 장사를 하는 사람들 이외에는 사

칭하이 고원 티베트족의
시장촌 천막

①-③ 고원에서 방목하는 티베트족의 주거와 살림살이
④ 여름철 방목하러 나가 비어 있는 유목민의 집

티베트족 시장촌 진료소

람을 만나기가 쉽지 않다. 우리는 무례함을 무릅쓰고 천막을 치고 사는 사람들 앞으로 다가가기도 했다. 천막 안을 들여다보아도 되느냐는 무례한 요구에 모두 웃으면서 보라고 동의해 준다. 안에는 사람들이 사는 기본도구 이외에는 보잘것이없다.

한구석에서 취사를 겸한 난방 스토브가 있고, 흙으로 쌓은 강(炕—온돌과 비슷한 구조)을 양쪽으로 설치하여 걸터앉을 수 있게 되어 있다. 안으로 들어온 손님에게는 꼭 우유차를 내놓으면서 접대를 한다. 참으로 사람들이 순하고 세파에 찌들거나 독이 오른 그런 사람들이 아니었다. 척박한 자연환경에 순응하면서 살아온 티베트 사람들의 모습이다.

경양령(景陽嶺, 3,767미터) 부근에 이르러 우리는 장족의 시장마을을 지나게 되었다. 여름철 부근에서 방목하는 사람들이 식료와 일용품을 사고파는 텐트촌으로서, 의무실과 약국, 매점도 구경할 수 있었다. 유목민 생활의 한 단면을 보는 것 같았다.

치롄 산맥을 넘어 장예로 향하니 지형은 완전히 변하여 산과 계곡이 수려하고 물이 흐르는 계곡이 30킬로미터 정도 이어졌다. 하서회랑 최대의 오아시스 도시 장예는 불과 20킬로미터 정도 거리에 있으며, 흑수하(黑水河)가 북으로 흐르다가 모래 속에 잠적하는 지점에 지금 모래에 파묻힌 서하의 헤이수이성(黑水城)이 있다. 한참 내려가니 광활한 농지가 전개되었다.

거리의 정육점 풍경

    우리는 점심을 민락현(民樂縣)의 한 조그만 식당에서 먹었다. 이곳에도 치롄 산맥 줄기를 배경으로 온 들판에 유채 재배가 한창이었다. 흉노가 왜 한족과 치롄 산지를 두고 패권을 겨루었는지 알 수 있었다. 유목민은 한여름을 평지(사막)에서 보내다가 겨울엔 물이 풍부하고 바람막이를 해주는 치롄 산지로 이동하여 생활하였는데, 치롄 산지라는 생활 토대를 빼앗기고 살아 남을 수는 없었던 것이다.

일주일 동안 해발 3천 미터 이상 높은 고산지대 칭하이 고원과 칭하이 호를 답사한 후 우리는 장예 근처를 돌아 숙남(肅南)으로 향하는 도중 한 농가에서 민박을 했다. 근처에 있는 '형형색색의 지층 색깔이 아름다운 오색산(五色山)'에서 석양에 비친 풍경을 촬영하기 위해서였다. 농가가 여기를 관광농원으로 개발해, 자그마한 트럭으로 우리를 촬영할 수 있는 산등성이까지 데려다 주었다.

오아시스 농가에서 민박을 하니, 50여 년 전에 시골에 가서 잔 기억이 났다. 밥은 마당에서 자리를 깔고 먹고 세수도 마당에서 하고…. 다만 그 옛날과 다른 것은 전기가 들어오고, 손님을 받기 위해 방에는 야전용 침대가 놓여 있는 것 정도였다.

이로써 겨우 불모의 사막, 티베트 사람들의 고장 칭하이 지방, 그리고 유목인들의 터전 치롄 산지를 돌아보았을 뿐이다. 실크로드를 기행하자니 초원길도 가보아야 하겠고, 뱃길로 이어지는 바다의 실크로드도 가봐야겠다는 생각이 든다. 다음을 기약하는 수밖에 없다.

몽골 초원과 오르도스

지금까지 중원 황토고원과 하서회랑을 거처 타클라마칸 사막을 지나는 톈산 남로의 일부를 소개하였다. 톈산의 남쪽 산 밑에 사막의 오아시스를 연결한 것이 톈산 남로이며, 실크로드 교류는 주로 이 사막 오아시스 루트를 말한다. 초원지대를 이용한 인간의 교류는 사막의 길보다 먼저 일어났다.

유라시아 대륙에는 폭이 넓은 건조지대 그린벨트 대(帶)가 아라비아 사막 북방, 러시아 남단 카스피 해에서 중앙아시아, 톈산의 북녘 중가리아 고원, 몽골 고원, 그리고 동으로 싱안링(興安嶺)으로 이어진다. 그 북쪽엔 시베리아 삼림지대, 또 그 북쪽엔 동토지대가 형성되어 있다. 톈산의 남록에는 거의 풀이 없는 건조지대 타클라마칸 사막이, 북록에는 울창한 삼림과 초원이 전개되는데 그 이유는 북쪽으로부터 내려오는 적은 양의 습기가 톈산에 부딪쳐 분지를 만들어 주기 때문이다. 중가리아 초원과 몽골 초원은 아시아 대륙 깊숙이 자리 잡고 있기 때문에 남으로부터 부는 계절풍의 영향을 받지 않아 우량도 적어서 수림지대나 비옥한 평야지대 형성이 드물고 대부분의 대지가 풀이 드문드문 난 초원 광야를 이루는 것이다. 초원에서는 양·산양·말이나 낙타 같은 초원동물이 서생하기 좋아서 가축과 함께 옮겨 사는 유목민의 독점적 생활지역이 되었다. 이 지역을 '초원지대(steppe zone)'라 한다.

중국의 역사서에 흉노족이 처음 나타나는 것은 기원전 4세기경부터의 일이다. 흉노족은 스키타이에 영향을 받은 기마민족으로서, 스키타이는 기원전 7세기경부터 남 러시아 흑해 근처 초원지대에 살던 아리안 계통 사람들로서 헤로도토스의 역사서에도 등장하는 민족이다. 이들은 황금과 청동용기 제작 기술이 능하여 최초로 황금문화를 남겨 놓았을 뿐 아니라, 인류사상 처음으로 유목생활에서 말을 이동 수단으로 삼은 민족이다. 스키타이족이 말을 다루는 새로운 기술, 즉 말을 자유자재로 부릴 수 있는 재갈과 고삐를 고안하여 말을 타고 이동하는 방법을 개발하였다. 그들은 오늘날과 같은 바지를 입고 부츠를 고안해 신고서 자유자재로 말을 타고 말 위에서 활을 쏘는 전투기술을 개발하여 가공할 전투력을 가지게 되었다. 주변 민족들은 그들을 매우 무서워했다. 이런 유목문명이 중앙아시아를 거쳐 몽골 초원지대로 전파되어 온 것이다.

초원지대에 말을 타는 기마민족이 나타나면서 평화로웠던 유목민족 생활이 호전적으로 변하게 된다. 그들은 말을 탄 채 말 위에서 활을 쏘는 새로운 전투기술을 전쟁에 이용하기 시작하였다. 말을 타는 목동이 쉽게 기마전사가 된 것이다. 20세기 차량이 이 보급되기 전까지 기마 전투기술은 최첨단 전투기술이라고 역사학자들은 보고 있다. 기마술은 인류문화에 헤아릴 수 없을 만큼 커다란 영향을 끼쳤다. 유목민의 주거 형태가 이동이 간편하고, 무리를 지어 쳐들어 가는 기마전술은 침략과 약탈에 이를 데 없는 가공할 공격 수단이 되었다. 생활 형태가 일정한 무리를 이루고 다니는 속성상, 유목민의 집단화 조직화도 쉽게 이루어졌다.

몽골 고원은 중가리아 고원과 알타이 산맥 동편에 펼쳐지는 고원으로 평균 해발 1천3백 미터. 북부에는 초지가, 중앙에는 고비 사막이라는 사막지대가, 서부로는 싱안링 산맥과 경계를 이룬다. 고비란 몽골어로 '풀이 자라지 않는 메마른 땅'이라는 뜻이며, 물이 없는 화강암 돌밭이나 타라(tara)라는 함호(鹹湖-물이 짠 호수)가 여기 저기 있지만 농사에는 적당하지 않다. 기원전 5세기경 스키타이 민족이 개발한 기마 전투술은 불과 1백여 년만인 기원전 4세기경에 흉노가 이를 유목과 전쟁에 사용하기 시작했다.

톈산과 고비 사막 위를 나는 비행기 안에서 밑으로 펼쳐지는 대공간의 의미와 게르만족의 이동, 몽골족의 발흥, 아랍 민족에 의한 이슬람 세력의 확장, 유럽인의 아메리카 대륙 점령과 같은 역사적인 사건은 모두가 말을 가진 민족에 의하여 발생한 역사적 사실이라는 학설을 상기해 보았으나, 이는 '넓은 지역에서 너무 오랫동안 일어난 일을 너무 압축해서 단순화한 해석'이란 생각이 문득 들었다. 그 땅에 가보지 않고는 이해하기 힘들다.

2008년 가을, 선양(瀋陽)과 다퉁(大同)을 거쳐 내몽고에 가기 위해 침대열차를 타

위, 동성의 새로운 주택가
아래, 바오터우 시내 풍경

고 밤 12시경 바오터우(包頭)에 내려 다음 날 아침에 오르도스 지방에 있는 칭기즈칸 능을 찾아가 보았다. 흉노와 선비 등 번성했던 유목민족이 화북지방으로 쳐들어와 수백 년 동안 한족을 제압했던 땅이다. 아침에 일어나 호텔 밖을 내다보았을 때, 내 앞에 다가온 풍경은 이 땅을 호령했던 유목민족의 초지가 아니다. 서울 도심과 비교해도 빠지지 않을 정도로 현대식 건물이 즐비하다. 앞에 말한 스텝 지대의 이미지는 어딜 보아도 없다. 하긴, 바오터우는 인구가 2백만을 넘는 내몽고 최대의 공업도시로서 초원강성(草原鋼城)이라 불리는 중국 제철산업의 중심지인 것이다. 칭기즈칸 능은 약 2백 킬로미터 남쪽 오르도스 지대 한가운데에 있다.

전날 우리가 다퉁 방문을 마치고 내몽고행 열차를 탄 4시경부터는 날씨가 눈비로 바뀌었다. 기차는 북상하다가 만리장성 유적지를 지나 인산(陰山) 산맥 못 미쳐 오른쪽으로 선회하여 황하 북쪽 연변을 달렸다. 높은 산이 없는 야산의 연속이었다. 날씨가 눈으로 바뀌어 온통 눈 덮인 천지로 변해 버렸다.

오늘은 남으로 오르도스를 가는 길. 시내를 벗어난 지 얼마 안 되어 황하 다리를 건넜다. 쌀쌀한 영하의 날씨이긴 하나 구름 사이에 해도 간간이 났다. 여기는 눈 덮인 산야가 아니고 그저 아무것도 안 보이는 광야다. 점심 무렵 바오터우에서 150킬로미터 떨어진 동승(東勝)을 지났다. 사막 초지에 현대식 아파트 건축이 한참이었

다. 여기도 공업화가 한창 진행되고 있는 모양이다. 지도상의 지명은 동승이라고 되어 있는데 시가지에 들어오니 '鄂爾多斯市(오르도스 시)'라는 표지가 눈에 띄었고, 시가지를 벗어나자 오르도스 공항이라는 표지도 보였다. 아마 이곳을 광역행정구역으로 만들어 개발이 진행중인 모양이다. 여하튼 황하가 범(凡)자를 그리는 오르도스의 한가운데에 들어온 느낌을 갖기 어렵지 않았다.

여기는 유라시아 대륙에서 가장 강했던 몽골제국의 창시자 칭기즈칸의 능묘가 있는 곳. 칭기즈칸은 제국을 확장하면서 1226년 서하(西夏)와 교전하던 중 이 근처에서 병사한다. 그의 유해는 몽골족의 습관에 따라 비밀리에 초원에 매장되었는데, "유해가 운구되던 연도에 있던 사람들은 모두 살해되었다"는 설이 있을 만큼 지금까지 아무도 그의 묘의 소재지를 모른다고 한다. 원(元)대부터 그의 영을 받드는 묘(廟)가 세워져 '팔백궁(八百宮)'이라 불렸는데, 청(淸)대에 이곳에 옮겨졌고, 중국 정부가 묘역을 확장 정비하여 오늘의 모습이 되었다.

능원 내부에 들어가면 동그란 모자에 꼭지가 달린 것 같은 지붕 모양의 건물이 3채 있다. 한가운데 건물 안에 들어가면 백옥으로 조각한 칭기즈칸 상이 놓여 있고 뒤로 침전(寢殿)으로 돌아가면 누런 겔이 3채가 있었는데, 한가운데 것은 칭기즈칸 내외를, 양옆의 것은 그의 두 형제를 모신 곳이라 한다. 여기서도 역사상 최대 제국의 화려한 황실이 누렸을 이렇다 할 궁궐 문화유산이 별로 눈에 띄지 않았다. 유목

칭기즈칸 능과 조형물

민족은 유적을 남기지 않는다는 것을 여기서도 확인할 수 있었다. 중국 내몽고에 남아 있는 이렇다 할 원(元-몽골제국)의 유적은 별로 없다. 원은 연경(燕京-지금의 베이징)을 대도(大都)로, 황실이 있는 곳을 상도(上都-샹두)라 불렀는데, 지금 연경과 상도에 남아 있는 몽골제국의 유적은 거의 찾아볼 수가 없다.

다음 날 우리는 바오터우에서 버스로 내몽고자치구 성도가 있는 후허하오터(呼和呼特)로 향했다. 이곳도 인구 2백만이 넘는 도시이지만 몽골인은 고작 20만에 불과하다고 한다. 여기도 이렇다 할 유적이 없다. 시에서 조금 떨어진 곳에 왕소군(王昭君)의 묘가 있다고 한다. 왕소군은 전한(前漢) 말 한족 왕실녀로서 강제로 흉노 왕 호한사(呼韓邪) 선우에게 시집간 비운의 여성이다.

후허하오터에서 볼거리는 초원 투어이다. 여름에 파란 대평원에 몽골 사람들이 동그란 겔(gel)을 치고 관광객들로 하여금 초원에서 하루 머무르면서 몽골식으로 식사와 숙박을 체험하게 하는 관광상품이다.

몽골의 겨울은 일찍 찾아와서 초원 투어도 9월말이면 끝난다고 한다. 서울에서 출발하기 전 아무리 예약을 하려 해도 안 되었는데, 호텔 관광데스크에 물어보니 가이드와 차량을 제공하는 반나절 투어가 가능하다 하여 오후에 대평원으로 향했다. 기온은 영하 5도 정도. 시내를 벗어나자 곧바로 산이 보인다. 인산 산맥인 것이다. 준

흉노로 시집간 한족 왕실녀 왕소군

위, 내몽고 몽골 겔촌
아래, 겔의 내부

령을 넘으니 대평원이 나타난다. 여기서부터 풀은 다 말라서 누렇게 변한 광야가 전개되었다. 들판에 눈 덮인 곳이 가끔 전개되곤 했다. 도로 주변은 초지에서 농경지로 개발되었고, 부락도 중국식 건물로 개조되었음이 보인다. 그리고 한참 지나가니 인적도 드물어지면서 허허벌판이 지속되더니, 낮은 고개를 넘자 몽골인들 겔촌이 더러 보인다. 아스라이 멀리 흰 겔촌이 보이는데 숫자가 제법 되는 것 같다. 가까이 가니 여름에 초원 투어를 하여 먹고 사는 몽골 초원농원이다. 우리를 태운 자동차 운전기사는 들판 한가운데 갈림길에서 서서, 가지고 있는 휴대폰으로 농원에 전화를 걸어 길을 묻는다. 차창 밖을 보니 들판에 옛날 우리나라 돌무지 성황당 같은 몽골 사람들의 오보가 보였다. 얼른 가서 사진 몇 장을 찍었다.

오후 세 시 넘어 해가 저물려고 할 때 우리의 목적지 초원농원에 도착하였다. 철이 지난 농원에는 우리들 세 명, 가이드와 운전기사말고는 다른 사람들은 없었는데, 주인 여자가 마주(馬酒)를 들고 나와 몽골 노래를 부르면서 환영한다. 마주가 아주 독했다.

황하 북부 인산 산맥 부근이 흉노와 선비 같은 기마민족의 본거지로서 황하유역의 농경 한민족과 대결하던 역사의 현장이지만, 몽골 사람들의 겔촌과 오보 이외에는 아무것도 보이는 것이 없다. 그러나 생각해 보면, 지금의 우리 눈에 보잘것없이 보이는 이 주거시설이 2천 년 전에는 얼마나 가공할 최첨단 이동수단이었겠는가? 여기서도 유목민족은, 풀만 있으면 양떼를 몰아 어디든지 갈 수 있겠구나 생각해 보았다.

한민족은 하늘(天)의 바로 밑 즉 세계의 중심이 있고 문화가 만발한 나라라는 중화(中華)사상에 젖어, 그들만의 문자 능력을 마음대로 구사하여, 주변 민족을 아주 야비하게 표현해 놓았다. 오아시스 사막, 몽골 초원과 만주벌을 두루 여행한 후 공항에서 나부끼는 중국 오성기(별 다섯 개를 그려 넣은 오성기, 한족을 가운데 으뜸 별로 하여 주변에 인구수가 많은 소수민족 넷을 아우르는 인종정책을 상징한다)를 보면서, 우루무치나 후허하오터 심지어 티베트의 수도 라사까지 한민족이 주민의 다수를 점한 현재, 주변 이민족을 깔보던 중화사상은 없어졌는지 숨어 있는지 모를 일이다.

기원전 4세기부터 번성하기 시작한 흉노족이 오르도스 지방을 수용하기에 이른다. 흉노가 중국 역사에 등장하는 것은 이때부터. 최첨단 문명으로 등장한 이들은 자기네들의 생활영역인 오르도스 지방으로 확장해 오는 중국 한민족과 충돌한다.

흉노족이 퍼져 살던 곳이 황하 북방의 초원과 고비 사막지대이며, 옛날 민족 간의 문물교류는 톈산을 넘어 서역으로 이어졌을 것이다. 스키타이와 흉노가 만들어 놓

은 것이 금(金)의 문명이다. 금은 유목민족이 이동하기 쉬운 부피가 작고 값진 돌이며, 중국 고대에는 없는 보석이다. 중국에서는 예부터 옥의 문화가 꽃피었고, 옥은 서역 쿤룬 산맥 호탄 지방에서 들어온 것이라 한다.

『서역을 가다』라는 대담집에서 일본의 작가 이노우에 야스시(井上靖)와 시바 료타로(司馬遼太郞)는, 흉노는 분명히 퉁구스 계통의 북방민족이었고 고구려의 조상인 부여족도 스키타이 루트를 통해 중국 북쪽 초원지대를 돌아 동북아시아와 한반도로 온 민족이며, 이들 민족이 이동한 초원의 길이 '금의 길'이었을 것이라고 주장한다. 북방 아시아와 한반도에서 발견되는 찬란한 금의 문화는 중국인들과는 별개의 지역에서 발전된 문화로 사막 실크로드에서는 발견되지 않는 북방 문화라는 것이다. 한반도에 천만 명 이상이 성으로 쓰는 성 '김'은 원래는 '금'의 의미가 포함된 북방 부족의 이름일 것이라는 의견이다.

한이 흉노에게 밀려 흉노와 형제의 관계를 맺고 왕실녀를 흉노 왕에게 출가시키는 것과 같은 화친 제스처를 써오다가 무제 때에 이르러 서역의 월지국과 제휴하여 흉노를 제압하려 했다. 모돈선우(冒頓單于—선우는 왕의 뜻) 시대부터 인산 산맥 남북 일대를 근거지로 하여 오손(烏孫)을 서역으로 밀어내고, 기원전 2세기경에는 하서회랑과 타클라마칸 사막의 오아시스 국가도 굴복시켰다. 흉노는 동으로 동호(東

胡), 오환(烏桓)을 복속시키고 전국시대에는 화북지방까지 진출하여 전한(前漢)과 대치하였다. 이에 대하여 중원을 통일한 한(漢) 고조(高祖)는 40만 대군을 이끌고 지금의 다퉁 근처에서 흉노 왕 선우 군대와 싸우다가 핑청(平城)에서 흉노 기병에게 포위당하고 말았다. 이에 한고조는 흉노에게 굴복하여 흉노와 형제의 의를 맺고 매년 수십만 필의 비단과 곡식 등 조공품을 상납하고 한의 왕실녀를 흉노 왕에게 시집보내는 굴욕적인 조건으로 화친을 맺었다. 한제국으로서는 대단히 체면 없는 일이었다.

약 70년 동안 흉노와 굴욕적인 관계를 유지하던 한제국은 무제 때에 이르러 서역의 월지국과 제휴하여 흉노를 격파하려고, 기원전 139년 장건(張騫)을 사자(使者)로 보내시만 그는 노중에 흉노 왕에게 붙잡혀서 1년 여 동안 인질로 살다가 몰래 도망쳐 월지국까지 가는데 성공했다. 그러나 월지와 동맹관계를 이끌어내지는 못하고 한(漢)으로 되돌아오다가 다시 흉노에 잡혔지만 내부 분란이 일어난 찬스를 이용하여 요행히 도망쳐 한으로 되돌아온다. 이윽고 흉노가 쇠약해진 틈을 타 흉노에 쳐들어가 선우를 살해하고 멀리 서쪽으로 쫓아버렸다. 이후부터 흉노는 행방을 알 수 없게 되었고, 어떤 민족으로 바뀌었는지 불확실하다. 더러는 중부 유럽의 훈(Hun)족이 그들이라고 하나 확실히 증명되지는 못했다.

흉노가 약화되자 기원전 2세기부터 선비족이 서서히 일어나 몽골 일대에서 세력을 키워 가기 시작했고, 그 영향은 만주와 한반도까지 이르러 유목민 이동이 복잡하게 전개되었다. 이때 기마민족문화가 한반도에 흘러 들어온 것으로 추정된다. 당시 싱안링 이동에는 퉁구스 계통 민족으로 추정되는 오환(烏桓), 선비(鮮卑), 그리고 부여(夫餘)가 목축을 하고 아주 기초적인 농사도 겸하면서(主牧副農 또는 半牧半農) 살고 있었다.

선비족은 흉노의 모돈선우 왕에게 패망했던 동호(東胡) 계통 민족이라고 믿어지는데, 남만주 일대에서 목축, 수렵 및 기초적인 경작(粗放耕作)을 하던 민족이다. 흉노의 유목 제국이 쇠퇴 멸망할 무렵(1-2세기경), 선비는 세력이 불어 왕년의 흉노에 맞먹는 유목국가를 세우게 된다. 이 중 척발부(拓拔部)는 남하하여 다퉁 근처에 나라를 세워 위(魏-중국 역사에서는 前魏라고 함)나라라 칭하고 오르도스 지방과 산시성, 간쑤성 일부에까지 세력을 뻗쳤다. 이를 중국사에서는 오호십육국(五胡十六國) 시대라 하는데, 다섯 오랑캐가 세운 열여섯 나라를 의미한다.

선비가 건립한 왕조는 전연, 후연, 남연, 남량, 북위, 동위, 서위, 북제, 북주 등이며, 선비의 문화는 여러 가지 형태로 당대에까지 존재했었다고 한다. 위나라는 오호 중의 한 나라인데 하북(河北)지방에 정착한 뒤, 한족을 따라 의식주를 모방하고 중국화되었으며, 나중에는 중국 문화에 흡수되어 유목민족의 기질과 특성이 없어지고 말았다.

몽골 초원으로 가기 전날 아침, 다퉁(大同)에 내렸다. 다퉁은 전한 고조가 흉노 왕 모돈선우에게 포위되어 굴욕적인 화친을 체결했던 곳이며, 선비족의 일부인 척발부(拓拔部)가 세웠던 위(魏)나라의 고도이며, 위나라 때 세운 윈강(雲崗) 석굴이 있는 곳이다. 다퉁 역에서 내려 택시 한 대를 대절하여 윈강 석굴을 찾아갔다.

다퉁의 윈강 석굴은 현재 50여 개가 남아 있는데, 북위가 불교를 적극적으로 받아들이면서 세우기 시작한 석굴로서 중국의 3대 석굴로 꼽히며, 인류가 만든 불교 조각 중에서 크기나 미술적 가치에 있어 세계미술사 최고의 걸작으로 꼽는다. 고구려의 불교는 이 무렵 들어오게 된다. 4세기 중엽에 시작하여 30년 이상 걸려 조성되었다는 이 가람은 영암사(靈巖寺)라고도 불리는데, 전각(前閣)이 있는 제5호 석굴 대불은 17미터의 크기 높이로 제일 크다.

석굴사원엔 위문제(魏文帝)가 위(魏) 왕실 다섯 선조를 공양하려고 세운 제16호에서 20호 석굴이 대표적인 석굴로 꼽힌다고 한다. 20호 석굴은 전면에 있던 전벽이 없어지고 천장이 무너져 외부에 노출되어 있었다. 전벽이 무너져 있었기 때문에 우리들은 2-3미터 앞 가까이서 15미터나 되는 거대불의 전모를 볼 수 있었다. 석굴은 절벽에 암석을 파고 들어가 좌불을 조각하여 놓았다. 참으로 걸작이라고 생각되었다. 자연석의 돌무늬가 어깨로부터 가슴에 드리워진 가사(袈裟)의 주름과 가슴 양팔 조각에 자연석 모양을 뚜렷하게 알아볼 수 있었다. 석불에서 어딘가 몽골인과 같은 풍

윈강 석굴의 대불들

윈강 석굴

모와 북부 중국에 군림하던 선비 왕의 독재자다운 기백도 느껴지는 것 같았다.

아침나절 지상 가까이까지 운무가 드리워졌던 날씨가 오후 내몽고행 열차를 탈 4시경부터는 눈비로 바뀌었다. 기차가 북을 향해 달리는 도중에 눈으로 바뀌어 온통 눈 덮인 천지로 변해 버렸다.

내몽고에 들어서도 높은 산은 보이지 않았다. 지금 우리는 오르도스 북부에서 몽골 고원을 향하다가 인산 산맥 못 미쳐 오른쪽으로 선회하여 황하 북쪽 연변을 달리고 있는 중이다. 날이 어두워지기 시작했다. 이 일대는 선비가 세력을 잡기 전 흉노가 한나라와 치열하게 대치하던 곳이다.

우리가 들른 날 다퉁에는 가을 안개가 자욱하여 제대로 사진을 담아오지 못했다. 우리를 태워 준 택시 운전기사는 나의 서투른 중국말에 대하여 영어 단어 몇 마디를 쓰면서 친절하게 안내해 주었기에, 점심 먹을 데를 안내해 달라고 요청하여 같이 점심 먹으러 갔다. 덕분에 유목민족 요리를 잘하는 곳에서 양고기 요리를 맛있게 먹을 수 있었다. 나중에 다퉁에 다시 찾아오면 연락하라면서 건네 주는 명함은 나와 같은 성(姓)을 가진 김영한(金暎漢)이라는 사람이었다. 중국 성씨 중에 김씨 성을 가진 사람들이 더러 있다. 시안에 묘가 있는 김일제(金日磾)는 흉노 출신 왕자라는 설명이 있는데, 한(漢)에 귀순하여 얻은 사성(賜姓)이라 하며, 이들의 후예는 오르도스와 산둥성에 널리 퍼져 있는 것으로 알려졌다. 그가 혹시 흉노의 후예가 아닐까, 나와 혹시 같은 뿌리를 가진 사람은 아닐까 하는 생각을 해보았다.

2007년 1월, 둔황 방문 후 란저우로부터 황하와 거의 나란히 황토고원을 꿰뚫고 달리는 포란(包蘭-내몽고 바오터우와 간쑤성 란저우를 잇는) 철도를 타고 황하유역의 평야지대 닝샤회족자치구(寧夏回族自治區)의 성도인 인촨(銀川)으로 갔다. 인촨은 황하 오르도스 지방 밖의 땅이고, 오랜 동안 북방 유목민족이 지배하던 초원의 땅이다.

겨울 아침 날씨는 제법 쌀쌀했다. 황하는 북쪽으로 방향을 바꾸어 인촨 대평원을 적신다. 인촨에서 보이는 풍경은 끝없이 펼쳐지는 대평원이며, "천하의 황하가 닝샤를 부자로 만들어 준다(天下黃河富寧夏)"라는 말이 있을 정도로 평원은 황하의 자비로운 혜택을 충만하게 누리는 곳이다. 수리사업 덕분에 과일과 채소가 풍부하게 생산되고 특히 수박은 베이징 등 대도시에 출하되고 있으며, 전국 생산량의 40퍼센트를 차지한다는 구기자는 품질이 좋아 인촨의 유명한 특산품이다. 허란(賀蘭) 산맥에서 채취되는 허란석은 돌이 단단하여 조각품과 벼루 재료로서 유명하다고 한다. 초원에는 수많은 염호가 있어서 내몽골의 대표적인 소금·소다 산지가 되고 있으며, 석유·석탄도 발견되어 경제가 활기를 띠고 있다.

서하 능묘를 보러 가느라고 시내 관통도로를 달려 보았는데, 새로 개발된 신시가
지와 신흥주택단지는 대단히 인상적이었다. 여기서도 변화하는 신중국과 소수민족
의 운명을 보는 듯하다.

서하 능묘는 인촨 시내에서 약 25킬로미터쯤 떨어진 허란산 밑에 있는데, 시가지
를 벗어나자 끝이 안 보일 정도로 밭과 과수원이 계속되었다. 관개시설이 없는 듯한
곳에 이르니 허허벌판 초원이다. 초원이라기보다는 자갈돌이 널려 있고 듬성듬성 1
미터 높이 정도의 낙타풀이 자라 고비 사막임을 실감하게 했다. 이날은 깊은 운무
때문에 산줄기는 제대로 보이지 않았다. 묘역이 가까워지자 뾰족한 종을 땅에 엎어
놓은 모양의 흙더미가 보이기 시작했다.

서하 여인상(서하박물관)

더 가까이 다가가자 능묘의 윤곽이 뚜렷해지는데, 마치 살찐 옥수수 토막을 잘라
세운 듯한 분묘가 거의 일렬로 서 있다. 서하 능묘는 남북 길이 10킬로미터에 폭 4킬
로미터의 거대한 능원을 이루고 이 안에 모두 아홉 개의 분묘가 나란히 서 있다. 현
재까지 다섯 개 정도 발굴했는데, 많은 유품이 나와 박물관에 전시되고 있다. 박물
관에 전시된 분묘는 분명하게 건축물로 덮여 있었다. 규모는 조금씩 달랐지만 모두
완전한 영대(靈臺—봉분)와 각궐(閣闕), 외성과 내성을 갖추고 있다. 봉분의 높이는
20미터, 둘레가 30미터쯤 되었다. 진흙을 여러 겹으로 다져 쌓아 올린 봉분은 한쪽

서하 능묘

구석이 무너져 나간 부분도 있고, 표면은 풍화되어 푸석푸석해 보였다. 지금은 영대에 각궐이 없어진 것을 보면, 서하가 망하고 난 후 아무도 돌보는 이가 없어 건물은 헐어져 나가고 흙더미만 남았을 것이리라. 비가 오지 않는 곳이긴 하지만 흙더미만 천년 가까이 버틴 축조 기술은 가히 피라미드 못지않은 걸작이다.

당(唐)이 10세기에 멸망하자 한족은 황하 하류와 장강 지역으로 밀려나, 황하 상류 지방은 다시 유목민족이 장악하게 되었다. 서하 왕조는 983년에서 250년 동안 인촨에 흥경부(興京府)를 두고 둔황을 비롯한 간쑤성 전역과 오르도스 지방을 지배했다. 동으로 만주지방에 신흥세력 요(遼─나중에 거란)와 손잡고 서역 사막지방 요충지를 장악하여, 동서무역으로 풍요로운 왕국을 세웠다. 이 지방은 원래 탕구트족 이외에

회족·토번을 비롯하여 잡다한 소수민족이 무리를 지어 살면서 작은 왕국을 세워 살고 있었다. 송나라 건국 초기에 서하가 강대하게 되면서 자주 중국의 서변을 침공하여 괴롭혔다고 한다. 서하는 중국의 라이벌인 글안으로부터도 책봉을 받는 나라로서, 송에게는 대단히 골치 아픈 북방 오랑캐였다.

서하(西夏)는 당이 망한 후 발흥하여 200년 이상 한족과 대치하면서 이 지역을 지배한 탕구트계 왕조로서, 고비 사막 북쪽과 오르도스 지방 사막에 할거하였다. 닝샤(寧夏)란 12세기 칭기즈칸(나중에 원나라)이 서하를 멸하고 서하의 땅에 안녕을 도모한다고 붙인 이름으로, 한(漢)민족의 영토 확장과 지배지의 평온을 도모한다는 함의가 있는 지명이다. 원제국은 서하를 멸망시키고 이곳에 이슬람교를 신봉하는 회족을 입식시켜 성급(省級) 자치구를 만들었다.

고비 사막과 하서회랑을 지배했던 서하는 몽골의 침략으로 멸망했고, 탕구트족은 어디로 갔는지 그 흔적이 묘연하다. 서한의 관한 지식은 오직 중국 『사기』의 기록과 서하 능묘가 전부였는데, 1908년 러시아의 표트르 코즈로브 탐험대의 카라호토(黑水城) 원정 성과로 인하여 처음으로 서하 문물이 세상에 알려졌다. 서하문자(西夏文字)가 세상에 알려진 것은 이 발굴의 성과이다. 서하문자는 현재까지 6천 자가 해독되었다고 하는데, 한자(漢字)를 모방한 것으로 보이나 상형문자는 없고 서하인의 독특한 발상에서 만들어진 문자인 것으로 판명되었다. 이런 서하문자로 인쇄된 많은 불경과 전적이 발견됨으로써 서하 사람들의 인쇄술이 고도의 수준에 이르렀다는 것을 알려 주었다. 코즈로브가 발굴할 때 헤이수이성은 성루만 한두 개 남았을 뿐 모래 속에 파묻혀 있었다고 한다. 오늘날 치롄 산맥의 물줄기 헤이허(黑河)는 하서회랑을 가로질러 장예 근처에서 북으로 계속 진행하다가 고비 사막 가운데서 자취를 감춘다. 지난 600년 동안 일어난 기후 변화 때문에 생긴 일이다.

몽골에게 망한 탕구트 서하, 몽골족이 세운 세계 최대의 제국 원(元)은 다시 한족 왕조 명(明)에 의해 망하고, 명은 만주족의 청(淸)에 의해 망하고, 청은 다시 신해혁명(1911)으로 사라지는 역사의 무대가 되었으나 능묘 이외의 서하 유적은 사막과 초원에는 남아 있는 것이 별로 없다. 다음에는 베이징과 만주를 돌아볼 차례다.

동북아시아 초원

2008년 가을 여행은, 기원전부터 오늘날에 이르는 동북아시아 초원지대의 역사를 살펴보려고 기획한 여행이다. 만주에서 시작하여 내몽고까지 여행했다. 2007년 백두산에 가면서 지안(集安)과 환런(桓仁) 고구려 유적을 수박 겉핥기식으로 본 이후에, 만주에서 시작하여 '싱안링부터 시작하는 몽골 고원과 오르도스'를 여행하면서 발해 유적과 만주 몽골 유목민 생활 근거지를 돌아보고자 하였다. 그렇지만 워낙 광대한 지역이라 점점으로 여행하는 수밖에 없었고, 그래서 간헐적인 묘사가 되어 버렸다.

시베리아 서북부에서 몽골 서북부를 가로지르는 거대한 알타이 산맥. 산은 4천 미터급이 최고봉이지만 북위 45도에서 50도의 위치 때문에 만년설이 뒤덮인 봉우리가 많다. 알타이 어족이라 부르는 여러 민족의 고향이 바로 여기라고 한다. 알타이 어족은 시베리아 산림 및 초원지대에 널리 분포되어 살았던 유목과 수렵민족이었다.[알타이어는 크게 세 갈래로 나뉘는데, 첫번째 어군이 터키어 계통으로 사용자 수도 1억을 넘는 제일 큰 어군이다. 현대 터키어, 키르기스어, 우즈베크어, 위구르어 등 중앙아시아로부터 서쪽에 존재한다. 다음이 중부 어군인 몽골어군. 그리고 가장 동쪽에 퉁구스 어군으로 죽은 사어(死語)가 되고 있는 숙신(肅愼) 만주어 및 부여(夫

餘)어가 해당되며, 한국어는 부여-고구려어의 후신으로 분류된다.]

지형적으로 만주는 몽골 고원의 메마른 초원지대가 남북으로 1천5백 킬로미터 뻗은 싱안링(興安嶺)을 경계로 농경이 가능한 평원으로 바뀐다. 이 지역은 계절풍의 영향을 받아 강우량이 풍부하여 도처에 산림이 우거져 있다. 그래서 만주로 불리던 중국 동북지방은 고래로부터 저지대에선 반농반목(半農半牧)이, 산림지대에선 수렵과 저수준의 목축이, 큰 강가 해안에서는 물고기 잡기로 식량을 해결했던 퉁구스 계통 민족의 서식지였다.

중국 사서에 나타나는 이민족에 대한 표현은 편협하고 멸시적이다. 옛날 중국 사람들은 주변 이민족을 동이(東夷)·서융(西戎)·북적(北狄)·남만(南蠻)이라고 적어 놓았다. 많은 이민족 이름을 큰 개 견(犭) 변이나 벌레 치(豸) 변을 써서 표현했다. 만주 남부 또는 한반도에서 사는 민족을 예맥(薉貊)이라 하였는데, 아마도 물고기를 잡았을지도 모르지만, 벌레 치(豸)를 쓴 맥(貊)과 개 견(犭) 변이 달린 예(薉)라 하였다. 짐승 떼를 지칭하는 듯한 업신여기는 표현인 셈이다.

한(漢)제국 흥망 전후, 화북을 점령했던 다섯 유목민족 흉노(匈奴)·갈(羯)·선비(鮮卑)·저(氐)·강(羌) 등 종족 이름을 모두 경멸하는 글자를 써서 표현했다. 흉노는 흉흉한 놈, 소란스러운 놈이고, 갈(羯)과 강(羌)에 대해서는 일부러 양(羊) 변을 썼으며,

저(氐)는 낮고 천한 그래서 짐승 같다는 의미라고 한다. 북적(北狄)과 예(濊)는, 개와 같이 빠르고 무리를 지어 다니고 사나우며 문명과 상관없는 무지의 느낌을 표현하는 것이 아닐까?

몽골 고원을 활동무대로 했던 흉노가 한제국과 항쟁에서 패하고 지배계급은 몰락하고 유민은 동서로 흩어졌다. 서양사에 4세기경 나타나는 훈(Huns)족은 아마 흉노족이 서역으로 이동한 때문이 아닐까 추측하는 사람이 많다. 중국 역사를 죽 훑어보면, 이후에도 유목과 수렵을 하던 북방민족과 농사를 짓던 한민족 사이에 끊임없이 전개되어 온 항쟁과 교류의 역사임을 알 수 있다. 흉노 다음에는 선비, 갈, 저, 강족과 같은 북방민족에 의한 5호16국 시대가 열리고 이어 수·당(隋·唐)이 중국을 통일하여 한민족 시대가 수백 년 동안 지속된다.

당이 제일 번성할 무렵 우리나라에선 신라와 손을 잡은 나당연합군에 의해 백제(660)와 고구려(668)가 차례로 무너졌고 통일신라시대가 열렸다. 그보다 조금 앞서, 당은 630년 돌궐(突厥-Turks)을 무너뜨리고 지배 영토를 타클라마칸 사막까지 확대했었다. 돌궐은 6세기에서 7세기에 걸쳐, 선비에 이어 만주에서 몽골 고원 그리고 중앙아시아까지 약 100년 동안 번성하던 유목민족 국가이다. 돌궐은 당에 망하고 나서 잔당은 흩어졌는데 지금의 위구르족과 중앙아시아의 투르키스탄이라 불리는 지

위, 백두산 천지
아래, 오녀산성

역의 여러 민족 그리고 터키 민족을 구성한다. 우연의 일치인지는 몰라도 한민족과 대결하던 흉노와 돌궐족은 서쪽으로 쫓겨났고, 원제국을 세웠던 몽골족은 인구 300만의 몽골공화국과 내몽고의 인구를 합쳐도 500만이 안 되는 소수민족이 되고 말았다. 그후에 중국을 지배한 퉁구스 민족인 거란족의 요(遼), 여진(만주)족의 금(金)과 청(淸)도 한민족에게 흡수되어 언어도 사어(死語)가 되는 운명을 겪고 있다.

2006년 여름, 나는 백두산 관광 가는 길에 북한의 만포진과 접한 지안(集安)과 환런(桓仁)에 들렀다. 4박5일의 빡빡한 일정으로 움직이는 패키지 여행이었기 때문에 마음대로 움직일 수 없어서 안내해 주는 대로 따라 다니면서 사진 몇 장 찍었을 뿐이다. 환런의 오녀산성에 갔을 때는 날씨가 흐려 들판에서 우뚝 선 산성의 모습을 담아 오질 못했다. 하지만 광개토왕 비석과 장군총 유적을 찍은 것은 행운이었다.

고구려는 선비족과 대결하면서 착실히 성장하여 만주 일대와 한반도의 북반부를 차지하였고, 장수왕 때에 이르러서는 좁은 국내성을 버리고 평양으로 천도하여 수나라의 침략을 막아내고 버티다가, 668년 아쉽게도 신라와 당의 연합군에 의하여 패망했다. 패망한 고구려를 다시 재기하지 못하게 하기 위해 보장왕과 수만 명의 고구려인을 포로로 하여 영주[營州─지금의 차오양(朝陽)]로 끌고 왔는데, 당시 고구려 인구의 10퍼센트 가까이 되는 인구라고 한다. 그로부터 30년 후 고구려 유민 대조영

지안의 광개토대왕비와 비각

은 당에 대항 봉기하여 발해를 세운다. 나는 고구려 유적지를 돌아본 다음 발해 유적지를 가 보고 싶었다.

2008년 만주 내몽고 여행은 지린성(吉林省) 창춘(長春)에 서 시작했다. 창춘에서 야간 침대열차로 투먼(圖門)으로,

투먼에서 다음 날 새벽 기차를 갈아타고 동경성(東京城)으로 가는 코스였다. 동경성 은 1백60년 동안 발해국 상경(上京) 용천부(龍泉府)로 불리던 왕도로서 지명 자체가 발해의 왕도임을 나타내 준다. 날이 밝아 오자 추수가 끝나 곡식이 없는 끝없는 들 판을 기차는 달린다. 여덟 시 조금 넘어 동경성 역에 도착한 우리는 지인이 소개해 준 역 근처 동경성 조선족 교회를 찾아가서 조언을 받고 차를 한 대 빌려서 발해 유 적지로 향했다.

유적은 농사짓는 들판 한가운데 있는데, 멀리 산으로 사방이 둘러싸여 외침으로 부터 방어가 쉬운데다 땅이 비옥하여 농사가 잘되는 곳이라 한다. 발해의 도성 규모

지안의 장군총

는 당나라 장안을 본 따 외성과 내성을 쌓고 외성 남문에서 내성 남문까지 주작(朱雀)대로를 내어 좌우에는 바둑판처럼 생긴 조방(條方)이 있었다 하지만, 지금은 내성 일부 기단(基壇)과 주춧돌만 남아 있어 눈으로 볼 수 있을 정도였다. 외성 벌판 흥륭사(興隆寺)엔 발해 석등이 남아 있다 하여 찾아가 보았다. 인근에 경박호(鏡泊湖)라는 아름다운 호숫가 바로 옆에 발해 산성 유적이 있다 했지만, 시간 관계로 호숫가까지는 가지 못하고 밤차를 타고 창춘으로 돌아왔다.

고구려가 망하고 고구려의 유민 대조영과 말갈(훗날 여진족)이 세운 발해는 한때, 요동반도·평안북도·함경남북도 및 연해주에 걸친 문화대국을 세웠다. 지금의 판도로는 중국 동북부와 북한 일부 및 극동 러시아를 아우르는 넓은 땅이다. 발해는 일본과도 여러 차례 교류를 해서 발해의 행적이 일본 문헌에 제법 남아 있지만, 고구려를 멸망시킨 신라와는 적대관계를 유지하여 별 교류가 없었다고 한다.

발해라는 나라는 의외로 알려지지 못했다. 발해는 거란에 의해 927년에 망하고 그리고 발해가 흥륭했던 이곳은 그후 거의 1천 년 동안 무주의 강산이 되면서 그 문화는 후세에 계승되지 못했다. 지배 계급이던 고구려 사람들은 일부 고려로 망명했으나, 주민의 대부분인 말갈족과 더불어 발해의 역사는 한국사에서 자취를 감추고 만다. 최근엔 연변조선대학을 중심으로 발굴 조사가 많이 이루어져 해동성국(海東盛

동경성 시내의 자전거 보관소

동경성 조선족 장서마을

國)이라고 불리던 발해국의 모습이 조금씩 알려지고 있다.

　이번 여행에서는 동경성 발해 유적지 근처 강서촌(江西村)에서 조선족 집단마을을 우연히 발견했는데, 농사를 지으면서 초가집에서 생활하는 조선족의 모습을 카메라에 담아 온 것은 예기치 않았던 수확이다. 초가집 모두 일자(一字) 집, 우리나라 3칸짜리 초가집과 비슷한 모양이다. 벼 추수를 해서 볏짚을 마당 안에 쌓아 놓은 집 앞을 지나다가, 주인 남자가 마당에서 집안으로 들어가기에 붙들고 말을 건넸다. 농사를 짓느냐고 물으니 그렇다고 한다. 옷차림이 막일하는 농부 같지 않아서 가족은 어떻게 되고 무엇을 하느냐 물었다. 그러자 그는 두 아들이 영국에서 공부하며 일한다고 하면서, 자신도 곧 한국에 돈 벌러 갈 것이라고 한다. 동네를 두루 돌아다녔는데, 이와 같은 허름한 집, 빈 집이 더러 보였다. 모두 돈 벌러 외지에 나간 조선족의 집이다. 연변 조선족의 요즘 문화풍속도를 보는 것 같았다.

　동경성 발해 유적 답사를 마치고 창춘으로 향했다.

　앞서도 말했지만 기원전 1세기경 싱안링 이동 북만주 창춘, 눙안(農安), 부여(夫餘) 일대엔 퉁구스계(系) 일파 부여족이 부족국가를 세우고 번성하다가 훗날 고구려에 흡수되었다. 부여 주위에는 서쪽으로 선비(鮮卑)·오환(烏桓), 동쪽에는 읍루(挹婁)가 인접해 있었다. 중국 사서에 동이·예·맥이라 표현되는 우리나라 고대민족은

①-② 발해 용천상경부 유적
③-④ 동경성 흥륭사 내의 발해 석등

북방에서 내려온 퉁구스족으로 전성기에는 흉노가 그들의 영향권 아래 있었던 것이 틀림없는 것 같다. 고구려가 부여 계통의 나라라는 것은, 같은 건국신화를 갖고 있다는 역사적 기록도 증명하는 일이다. 백제는 부여 계통에서 갈라져 남하한 일파(온조)가 세운 나라이다. 충청남도 부여와 한자가 같은 '夫餘'라는 지명이 부여국이 성쇠 했던 북만주 지역에 현존하며, 부여의 유적이 남아 있다. 스키타이 계통 문화를 이어받은 흉노의 기마민족 문화가 동북아시아의 선비·부여·고구려를 통하여 삼한 지방으로 전래되었다.

창춘의 구 '만주국' 청사

　창춘을 거쳐 선양(瀋陽)으로 왔다. 선양은 인구 8백만의 거대도시. 누루하치가 후금(後金)을 세우고 왕도로 정한 곳으로, 베이징으로 천도한 후 봉천부(奉天府)로 불렸던 곳이며, 제2차 세계대전으로 일본이 패망하기 전까지는 봉천으로 불렸다. 이 일대는 만주 중앙부로서, 발해는 거란에 의해 10세기에 망하고, 거란은 13세기 초 몽골 고원에서 일어난 칭기스칸이 세운 몽고제국에 의해 패망했는데, 지난 1천 년 동안 중원을 정복하고 지배한 북방민족의 발원지이기도 하다. '퉁구스'족이라는 표기는 18세기 시베리아로 진출한 러시아인이, 중국인이 만주지방 민족을 '둥후(東胡)'로 표현하는 것을 본 데서 기원했다고 한다. 우리 민족과 언어도 퉁구스 어족으로 분류된다. 중국 동북지방 만주에서 말갈·숙신·여진으로 불리던 만주 퉁구스족이 17세

창춘의 구 '만주국' 부의 황제궁

기에 중원을 정복하여 청(淸)제국을 세웠다. 만주를 통일하고 중국 본토를 정복하여 정복 왕조 '청' 제국을 세울 당시 만주족의 인구는 1백만이 채 안 되는 소수민족이었다고 한다. 어떻게 이런 소수의 민족이 수억의 중국을 정복하고 군림하고 통치하였는지 이해하기가 쉽지 않았다.

청제국은 중국에서 최후의 왕조가 되었는데, 영토를 서역 투르키스탄까지 확장하고 이를 신장(新疆-새로운 영토라는 뜻)이라 명명하면서, 베트남 북부와 티베트까지 지배하는 원제국 이래 최대의 정복 왕조로 등장했다. 그리고는 발상지인 만주는 한족에게 봉금지(封禁地)로 출입을 금지시켜 청대 말까지 계속 금지시켜 왔으며, 이런 덕택으로 만주 일대에는 고구려 발해의 역사적 유적이 사람의 손으로 파괴됨이 없이 현대에까지 이른 것이다. 현재의 중국 영토는 정복 왕조 청의 덕분으로 만주뿐만 아니라 지금의 신장, 내몽고, 티베트의 광활한 영토를 고스란히 물려받고 있다.

청대 선양 고궁과 누루하치(청태종)의 능(福陵 또는 동릉이라고 불림)을 돌아보았다. 고궁은 선양 중심부에 자리 잡은 터에 면적은 6만6천 제곱미터가 안 되는 그리 크지 않은 궁궐이나 만주족의 팔기(八旗)를 상징하는 여덟 개의 고건축이 주변 고층 건물군에 둘러싸여 있다. 교외에 있는 동릉을 찾아갔을 때, 무엇보다 먼저 그 엄청난 4백6십만 제곱미터의 규모에 놀라지 않을 수 없었다. 정문을 지나면 신두(神道) 양편에 말과 낙타 등 석상이 나란히 있고 이어 108계단을 오르면 곧이어 네모난 방성(方城) 안에 제사 지내는 사당이 있고, 그 바로 뒤에 반원형의 능묘가 흙과 검은색 시멘트로 발라 놓은 듯 보였다. 능묘의 크기가 엄청나다. 누각에는 한자·만주어·몽골어로 현판이 새겨져 있다. 중국 청대의 궁궐 유적인 베이징의 자금성, 선양 고궁, 청더 피서산장과 같은 유적이 모두 한자와 만주어·몽골어 세 나라 문자로 표기되어 있는 것을

청의 동릉

①-② 선양의 청나라 고궁
③ 자금성

서울의 삼전도비, 병자호란 당시 인조의 투항비

떠올리면서, 몇 십만 만주족이 세운 청제국의 불가사의한 모습을 한참 되새겨 보았다. 만주족이 통치한 청대의 강희(康熙)·옹정(雍正)·건륭(乾隆) 세 황제의 재위 100년 동안은, 중국문화를 계승하여 한층 발전시킨 가장 영명한 군주의 시대로 평가받고 있다. 우리나라도 병자호란 당시 청태종의 침공을 받고 남한산성에 피난 갔던 인조가 항복하여 송파 삼전도에서 굴복, 참담한 수모를 겪고 청제의 신하가 된 바 있다. 이때 소현세자와 봉림대군(훗날 효종)이 10여 년간 볼모로 잡혀 갔었던 쓰라진 기억이 선양에 남아 있다.

만주족은 숫자가 줄어들고 있으며, 민족으로서의 정통성과 언어마저 잃어가고 있다. 내가 돌아본 선양은 말만 청제국의 발상지이지 한민족에게 동화 흡수되어 버린 대도시로서, 중국의 다른 도시와 구별되지 않았다. 오직 제왕의 릉과 천도하기 전의 선양 고궁만이 만주족 청의 발상지라는 사실을 뒷받침해 줄 뿐이다.

선양 방문을 마치고 이번 중국 여행을 마무리하면서 청더(承德)를 찾아갔다. 베이징에서 약 3백 킬로미터 동북방 내몽고 가까이 있는 온천 도시로서 옛 지명은 열하(熱河)이다. 청더의 옛 이름은 '열하(熱河)'이던 것을 옹정제는 부친 강희제의 덕을 승계한다고 청더로 고쳤다고 한다. 산으로 둘러싸인 청더는 겨울에도 강이 얼지 않는 곳으로, 강희·옹정·건륭 3대 황제 재위기간 중 90년에 걸쳐 별궁을 조성하여 '피

서산장(避暑山莊)'이라 이름 지었다. 별궁은 강을 옆에 끼고 삼태기와 같은 골짜기에 호수정원, 북방 민가식 건물 백여 동, 몽골식 초원 겔을 지어 놓았다. 산장의 둘레가 10킬로미터가 넘는다니 가히 그 규모를 짐작할 만하다.

말이 산장이지 그 규모가 엄청나다. 피서산장은 이웃의 라마 불교사원 외팔묘(外八廟)와 더불어 청대의 문화유적으로서, 세계문화유산으로 지정되어 있다.

연암 박지원의 『열하일기』는 연행사의 일원으로 육로로 압록강을 건너 수도 연경(燕京−베이징)까지 갔다가 당시의 황제 옹정제가 머물던 열하로 조선에서 온 사신

베이징의 고택들

① 베이징 첸먼 거리(둥청이 보임)
② 베이징 호동 거리
③ 베이징 라마 불교 사찰
④ 베이징 길거리에서 파는 위구르족의 음식

베이징 자금성 앞 첸먼 상가 야경

일행을 불러, 청더까지 수행했던 박지원의 청나라 기행문이다. 나는 『열하일기』에 나오는 지명과 지형이 오늘에는 어떻게 되어 있을까 하는 호기심이 생겨 약간 무리를 하여, 베이징 공항에서 청더까지 중국 돈 5백 위안(元)을 주고 택시를 전세 내어 갔다. 공항을 나와 베이징 시내 반대편으로 한 시간 정도 달리니 산이 보이기 시작하고 이어 그 밑으로 미윈(密雲) 저수지가 멀리 보이면서 경치가 수려하게 바뀐다. 연암이 청더에 갈 때 미윈 지구는 무수한 하천으로 덮였던 삼각주였던지, 『열하일기』엔 사신 일행이 "5일 안에 옹정제를 알현하기 위해 청더(承德)로 오라"는 지시를 받고 하룻밤에 강을 아홉 번 건넜다는 기록이 있다(一夜九渡河). 지금은 그런 흔적을 볼 수 없다. 미윈 저수지는 베이징의 상수도원이 되어 있는 것이다. 산이 점점 가까워지면서 험하지만 수려한 산세가 뚜렷하게 시야에 들어온다. 베이징 북쪽을 둘러싸고 있는 옌산(燕山) 산맥의 줄기들이다.

이윽고 베이징 시계인 구베이커우(古北口)이 이르니 산등성이에 만리장성 유적의 모습이 보였다. 이 지역 만리장성은 베이징 교외 바다링(八達嶺)과 달리 수리가 아직 되지 않은 채, 낡은 모습 그대로였다. 구베이커우는 산하이관(山海關)에서 약 3백 킬로미터 떨어진 군사상의 요지라고 하는데, 명나라 때 수리를 한 후 청대 이후 방치해 놓은 곳이라고 한다. 만리장성 성벽을 들락날락하면서 하서회랑 끝 자위관에

위, 베이징 경극
아래, 시장에 나온 골동품

옆, 팔달령 만리장성
오른쪽, 구베이커우 만리장성

서 발해만 산하이관까지 만리의 장성 여섯 군데를 본 셈이다. 여기서부터는 사막과 초원지대가 교차하는 고원지대, 새로 뚫린 고속도로를 기분좋게 달렸다. 연암 일행이 밤에 잠을 자지 않고 닷새 걸린 여행길인데, 3시간 반 만에 청더에 도착하였다.

청대 황실은 라마 불교를 신봉하였다. 북방민족 출신 만주족 황제가 초원에 머물고 싶을 때 또는 사냥 나갈 때 행궁으로 쓰던 곳이라 한다. 그렇지만 별궁 밖에 대대적인 불사를 조성하여 라마교 대승을 모셔다 놓음으로써, 몽골과 티베트족과 같은 북방 유목민족을 아우르는 통치의 수단으로 삼았을 의도는 없었을까 하는 생각이 들었다. 그리고 피서산장 북쪽과 동쪽 산록에는 대소 여덟 개의 명찰을 세워 '외팔묘'라 이름하였다.

①-④ 청더 피서산장

◀ 청더(承德) 피서산장에서 본 주택과 경추봉

사찰의 건축 양식이 독특하다. 가장 유명한 사찰이 보령사(普寧寺)와 보타종승묘 (普陀宗乘廟)라고 하는데, 티베트 불교사원 건물과 간혹 중국식 누각 건물을 조합 배치하여 놓아 마치 티베트 라사의 포탈라 사원을 방불케 한다. 북방 만주족만이 지을 수 있는 독특한 모습을 볼 수 있다. 보령사 대불전은 6층 티베트식 건물로서 36미터 높이이며, 불전 안에 높이 22미터 되는 현존하는 세계 최대의 목각 관음보살상이 모셔져 있다. 청더의 랜드마크로서 경추봉(磬錘峰)을 빼놓을 수 없다. 청더의 명산인 경추봉에는 피서산장 동쪽 산정에 높이 60미터, 직경 15미터의 거석이 홀로 서 있는데 피서산장은 물론 시내 어디서나 볼 수 있는 괴석 명물이다.

시안에서 시작한 중국 실크로드 기행은 초원길을 마지막으로 여기에서 일단 끝을 맺어야겠다. 기행은 3년 동안 모두 여덟 번에 걸쳐 쪼가리 여행으로 이어졌다. 사막의 오아시스 길로 타클라마칸 사막 건너 우루무치까지, 우루무치에서 좌우로 뻗어간 초원의 길의 동쪽 지역인 몽골 초원과 만주 일대를 주마간산 식으로 커버한 셈이다. 사막 오아시스 길과 초원의 실크로드는 우리나라까지 이어졌다. 이제는 우리나라에 돌아와, 이렇게 오래된 문화적·역사적 연결 형태를 알아볼 차례가 된 것 같다. 경주와 김해에는 이런 역사적 연관을 증언하는 유적과 유물이 많이 있다.

고대 한국이 북방 알타이 계통이라는 것은 여러 가지 역사서에 나오는 기술 외에도 만주나 한반도에서 출토되는 유물에서 이를 뒷받침한다. 한무제(武帝)는 기원전 128년 흉노를 격파하면서 하서회랑에 한사군(漢四郡)을 설치한데 이어, 여력을 몰아 기원전 108년 한반도를 침공하여 한의 4군을 두었는데 이 중 낙랑이 평양 근처에 4백 년간 지속하여 있었다. 당시 남만주와 한반도 북부 일대 위만조선은 흉노, 친선비족 계통의 지배세력 체제였기 때문에, 아마도 한으로서는 승기를 잡은 김에 이들을 제압함이 좋을 것이라고 판단하고 침공하여 한의 지배 밑에 둔 것이다.

일본의 학자 에가미 니미오(江上波夫)는 한반도 사람과 고대 일본 황실 및 지배계급이 동북아시아 지방에서 한반도를 거쳐 들어온 기마민족설을 주장한 사람이다. 그에 의하면 부여족은 중앙아시아 서역에서 일어난 철기문화를 만주로 들여온 민족으로 동북아시아로 이주한 퉁구스족으로 보인다고 한다. 백제 왕실은 부여에서, 일본 왕실은 한반도에 삼한(三韓)의 하나인 진한(辰韓)·가야를 통해서 건너간 퉁구스족이라는 것이다.

한반도 삼한(三韓)에 대한 중국인들의 표기는 다른 이방민족에게 보이는 비하적인 표현이 없는 것이 이례적이다. 왜냐하면 중원에 '한(韓)'이라는 전국시대 왕조가 있었지만 우리나라와는 전혀 관련이 없기 때문이다. 어느 일본 학자는 '한(韓)'은 간(干) 즉 유목민족의 왕 '한', '칸'과 발음이 비슷하다고 주장한다. 칭기즈칸이 그것이며 중앙아시아 여러 왕조의 왕의 명칭에도 사용된다. 신라 왕조의 초기 왕은 전부 '간(干)'이라는 문자를 사용해 왔지 않았던가 하면서, 기마민족이 쓰던 부족국가 왕을 답습해서 써온 것이 아닐까, 상상해 본다. 이는 고분 등에서 발굴 발견되는 유물에서 북방민족의 영향을 많이 받았음을 보여주는 유물 유적이 많을 뿐만 아니라, 중앙아시아의 수장의 의미로 쓰는 '칸' 또는 '간'이란 어휘를 신라 초기에 사용한 사실이 이를 뒷받침해 준다 할 것이다. 한국어는 언어학적으로도 같은 퉁구스족의 하나로 분류되기 때문이다. 사실 우리가 지금 쓰고 있는 한국어는, 삼국을 통일한 신라 지배계급의 언어가 근간이 되어 고려로 이어졌고, 이것이 다시 조선조에도 계승된 것이 아닐까 생각한다면 일단 수긍이 간다.

　신라가 삼국을 통일하기 전까지, 우리 민족은 북방 민족적 문화를 가지고 살고 오다가 기원전 108년부터 4백 년 동안 지속된 낙랑문화에서 철기문화, 한자 등 한족 중국문명을 받아들이기 시작했다. 신라가 삼국을 통일한 후에는 중국화가 진행되어, 성씨를 중국식으로 바꾸고, 고려조에 들어와서는 과거제도를 도입해 중국의 국가 운영제도마저 본뜬다. 조선조에 들어서서는 유교를 국가 통치이념으로 삼고, 소화(小華)로 자처하여 중국에 사대(事大)하면서, 문화적으로 중국 문화에 젖어들은 우리 민족은 말갈·숙신·여진과 같은 퉁구스 계통 민족을 오히려 야만시하고 비하하는 모습도 보였다.

중국 한민족과 비교되는 만주·한반도 유목민족은 중국 역대 왕조에 보이지 않는 금(金)장식 문화를 일구었다. 신라·백제에는 금관제기 등 찬란한 금의 문화가 나오는데 중국 고대에는 옥장식품은 있어도 금제품은 없다고 한다. 예를 들면 경주 신라 고분에서 나오는 금관이나 장식품은 흥미롭게도 기원전 4세기 카스피 해 근처에 기마문화를 남겨 놓았던 스키타이 문화가 중국을 거치지 않고 북방 초원길을 거쳐 우리나라까지 직접 전해진 문화라는 사실이다. 이 중에도 신라의 금과 관련된 문화가 고구려나 백제보다 두드러는 것은 흥미롭다. 역사서에 나라와 민족 내지 인물의 이름과 지명으로, 나아가서는 발굴된 유적에 남아 있는 북방민족의 금에 관한 문화를 잠깐 살펴보자.

1) 알타이, 아이신(愛新), 금(金)

알타이 산맥의 '알타이'는 몽골어로 금이라는 '알탄(altan)'에서 유래한 것이다. 만주어에서 금은 '아이신'이라 한다. 청 황실의 만주어 성 애신각라(愛新覺羅–아이신 줘뤄)의 '아이신'은 금을 의미한다고 한다. 실제로 청은 건국 초기 '후금(後金)'이라고 국호를 정했던 일이 있으며, 청이 멸망하고 대부분의 청대 귀족 '아이신'은 '김'으로 개성하였다. 나는 선양 고궁 앞에서 황금색 포장을 한 고량주 '애신각라(愛新

覺羅)'를 사서 맛본 일이 있는데, 만주 출신 청 황실은 금과 관련이 있음이 분명하다. 공식적으로 확인된 사실은 아니지만 2003년 안동 권씨 대종보 『능동춘추』에 실린 글에 의하면 고려 말 황해도 지방에 살던 김씨가 여진으로 넘어가서 청제국의 '아이신' 성이 되었다는 주장도 있다.

금국, 금성

신라 경주 김씨의 시조 '김알지(金閼智)'는 계림의 금괴에서 나왔다고 한다. 신라의 국호를 금국(金國), 경주를 금성(金城)이라고도 하듯 금과 깊은 관계가 있다. '알지'는 몽골어 금 '알탄'과 관련이 있을지도 모른다. "금국의 금은 황금을 의미하는 여진(女眞)말 '아록저(阿祿沮)'에서 나왔다는 설이 있는데, 신라의 알지가 뒤에 김성(金姓) 시조로 된 것을 보면 알(閼)=아로(阿老)=아루(阿婁)=아록저(阿祿沮)를 의미하는 말이었기 때문에 성은 김이 되고, 왕성을 금성이라 한 것이다…. 일본의 사료에도 신라를 황금국으로 본다."(김철준, 『한국고대사회연구』(서울: 지식산업사, 1975)

유물로 본 문화적 관련성

가야 유적 대성동 금관가야 고분에서 여러 가지 마구류(馬具類) 등 북방 유목민족의 유물과 원통형 청동기(圓筒形靑銅器) 동복이, 일본계 파형동기(巴形銅器)와 함께 발견되어 김해박물관에 전시되어 있다. 대성동 고분에서 발굴된 동복(청동 솥)은 다

① 천마총에서 나온 금관
② 가야 동복
③ 오르도스 동복

리가 없고 상부 장식이 단순한 것이 특징이며, 중국 내몽고 오르도스 지방과 외몽고 노인울라 등지에서 출토된 것과 너무 흡사하다. 백제·신라 고분에서는 전혀 찾아볼 수 없었던 북방계 유물인 동복은 흉노나 선비와의 교류 증거인지도 모른다.

신라 유물에서 나오는 금장식품인 서봉총, 금관총과 천마총에서 나온 신라 금관들, 황남대총에서 나온 유리잔과 물병들, 금령총에서 나온 기마인물상 등 북방민족 관련 교류 흔적은 너무나 많다.

최근 신라 왕조의 뿌리는 흉노라는 새로운 사실이 제기돼 우리 모두를 놀라게 했다. KBS 역사추적 프로그램은 지난 2008년 11월, 경주 감포 앞바다 문무왕의 비석에 나타나는 비문과 역사적인 사실을 추적한 결과 신라 왕족의 선조 김알지는 기원전 2세기경 흉노와 전한(前漢) 사이의 전쟁에서 전한으로 귀화한 김일제(金日磾)의 후손이라는 것이다. 그 내용을 정리하면 다음과 같다.

첫째 문무왕릉 비문은 당시 왕조의 공식적인 기록문으로, 비문 중 '투후(秅候) 제천지윤(祭天之胤) 전칠엽(前七葉)'이라는 암호와 같은 내용이 적혀 있다.

둘째 '투후란 한서(漢書)에서 전하는 역사 인물로, 전한시대에 포로로 잡힌 흉노 태자 김일제(金日磾)을 일컬으며, 그의 묘는 중국 시안에 있다. 그의 나라 투국(秅國) 유적은 산둥성 하택시 성무현 옥화묘촌에 있고 김씨 집성촌도 있다. '투후(秅候) 제천지윤(祭天之胤) 전칠엽(前七葉)'이란 투후의 7대손 성한왕(星漢王)을 가리키며, 성한왕은 문무왕의 15대조 김알지 자신이거나 그의 아들이다. 이들은 1세기 초 왕망(王莽)의 신(新)제국(기원 8-23년 사이 존재하였던 단명한 정권으로, 전한과 후한 사이에 중국 『사기』에 왕망의 난이라고 기록되고 있다)이 몰락하자, 왕망 측에 가담했던 김일제의 후손들이 난을 피하여 한반도로 건너온 것으로 추정된다는 것이다.

'투후제천지윤'은 하늘에 제사를 지내는 투후의 자손이라는 뜻. 그리고 '7엽'은 일곱 개의 잎사귀, 즉 7대손을 의미한다. 다시 말해 하늘에 제사를 지내는 '투후 김일제'의 자손이 7대를 전하였다는 것이다. 중국에서 김(金)씨는 흉노계통를 상징하는 성씨이며, 투후 김일제를 시조로 모시는 김씨 집성촌이 있다. 또 마을 입구에는 김일제의 봉토(封土)였음을 알리는 표지석이 서 있다. 주민들은 투국성을 김성(金城)·금성이라고 하였는데 김일제의 성을 딴 투후국의 '금성'과 신라의 수도 '금성' 두 이

시안에 있는 김일제의 묘비

름이 일치하는 것은 단순한 우연이 아닐 것이다.

　신라의 문화와 풍습은 북방 기마민족 흉노의 그것과 너무나 흡사하게 닮았다. 『일본서기』에는 신라가 '금의 나라'로 표현되어 있다. 황금 숭배는 유목민족의 특징이다. 또 신라 김씨 무덤과 흉노족 무덤 양식은 적석목곽분으로 동일하다. 흉노의 근거지에서 발견되어 내몽고박물관에 전시된 '동복' 역시 우리나라에서 발견된 것과 동일하다

　왕망의 신(新)나라에서 사용되던 화폐인 '화천(貨天)'이 중국 요녕성과 한반도 서남해안이 발견된다. 당시 물자의 교환이 있었거나 대규모 이주를 말하는 증거일 것이다. 중국 왕망의 난에 가담했던 투후 김일제의 자손들은 왕망이 망함에 따라 자손들이 서해안과 가야국을 거쳐 신라로 이주했을 가능성이 있지 않을까? 『삼국사기』 등 역사서에는 대륙의 정세가 급변할 때마다 북방의 이주민이 한반도 남단 진한 땅으로 이주해 왔다는 기록이 자주 등장한다.

　파미르 고원을 넘는 사막의 실크로드는 중국 역대 왕조와 서역의 여러 나라를 거치는 문명교류였다면, 북방 초원길은 중국 한민족과 북방민족과의 항쟁과 이에 따라 생긴 결과로서의 문화현상이다. 실크로드 답사를 시작하여 동서양의 문화교류를 탐방하던 것이 북방 초원길 실크로드를 돌아다니, 출발지인 우리나라로 되돌아오게 되었다. 그만큼 우리나라와 중국과 동북아시아와의 관계는 엄청나다는 것을

알게 되었다.

우리 민족은 한사군 시대 이후 중국의 문명에 깊숙이 흡수되고 영향을 받아 우리의 고유한 언어와 습속이 어디까지인지 애매하게 되었지만, 역사 이전에 한반도로 남하하면서 가지고 왔거나 한반도에 정착한 이래 북방민족과의 교류 형성된 문화는 우리 민족의 문화적 DNA 속에 용해되어 있을 것이다.

우리가 가지고 있는 베트남에 대한 인식과 인상은 어떤 것일까? 나와 같은 세대가 지니고 있는 기억은, 1960년대 남북으로 갈라져 싸우고 있던 당시 남부 베트남(월남 공화국–1975년 멸망)에 대규모의 한국군이 파병되어 베트남 전쟁에 참여했던 잊고 싶은 역사와, 통일 후 1990년대에 시작된 개방정책의 파고를 타고 이 나라 경제 발전에 참여하게 되어 다시 한국의 존재를 인정받게 된 사실들이다. 베트콩, 파병, 고엽제 후유증, 한국인과의 혼혈아 '라이따이한', 시골총각들에게 시집오는 베트남 처녀 등등…. 우리는 베트남에 대하여 뒤섞인 기억과 인식들을 가지고 있다 하겠다. 베트남은 우리나라와 같이 중국 주변의 대표적인 한자문화권 영역에 속하는 나라이며, 과거 문화적으로 동남아에서 가장 가까운 관계를 유지해 온 나라이다.

베트남 문화유적이 가까운 거리에 집중되어 있는 중부 다낭 지역을 다녀오면서 '문화는 물결과 같다'는 말을 재확인할 수 있었다. 내가 이번에 방문한 다낭은 중부 베트남 최대도시로 인구는 1백만 명이며, 후에·호이안은 중부 베트남의 문화유적이 밀집한 지역으로서, 후에는 베트남 전쟁 당시 1968년 소위 '구정공세', 또는 후에 쟁탈전(Battle of Hue City)로 인터넷 백과사전 '위키피디아'에도 자세히 소개되어 있는 지역이다. 호이안은 우리나라 해병대 '청룡부대'가 1971년까지 주둔하여 전투를 치른 전적지이기도 하다. 이들 지역에서 전쟁의 흔적을 볼 수 있을까 하는 기대감이 생겼다.

우리는 맨 먼저 다낭에서 서쪽 내륙으로 40킬로미터쯤 이동하여 산악지방이 시작되는 곳의 미손 유적지를 찾았다. 놀랍게도 이 유적은 중국의 영향을 받은 유적이 아니라 중부 베트남에 왕조를 세우고 통치하던 참파 왕조(3-15세기)의 힌두교 사원이었다. 참족은 지금의 베트남 민족과는 다른 민족으로, 3세기 초 후한의 지배로부터 탈피하여 참파 왕국을 세웠는데 이 왕국은 동서 아시아와 중국 남부를 잇는 중계무역으로 번성하였다고 한다. 문화적으로는 인도 문화의 영향을 받아 힌두사원과 토착신앙이 섞인 독특한 문화를 형성한 것으로 보인다. 자료에 의하면 미손 성역에는 4세기에서 13세기에 걸쳐 70개 이상의 탑이 세워졌다고 한다. 이 중에 대표적인 탑은 바드라발만 1세가 세운 것으로, 우주의 생성과 파괴를 주관한다는 힌두교의 시바 신을 모시기 위한 사원으로서 세워졌다. 벽돌과 석물로 세워진 탑들이, 네모난 기초 위에 2단 건물을 세운 뒤 지붕을 피라미드 모양으로 벽돌을 쌓아 이룬 것이 특이하다. 불두가 잘린 조각이 보였다. 가이드에게 물어보니, 베트남이 18세기 프랑스의 식민지가 된 후 프랑스인이 처음으로 미손 유적을 발견하였고, 당시에 중요한 많은 종교적 조각물들이 프랑스로 실려 갔다고 한다.

다낭 시내에 있는 참파박물관에, 베트남에 남아 있는 나머지 조각물이 전시되어 있어 이를 보면서 참족의 돌조각의 진수를 목격할 수가 있었다. 우리나라 못지않게 베트남에도 화강암이 많이 나옴을 알 수 있었고, 돌을 다루는 솜씨나 다양한 석각

미손 유적지 가는 길

표현이 대단히 높은 수준임을 문외한도 알 수 있었다. 이와 같이 캄보디아는 물론 중부 이남 베트남은, 1세기 이후 인도와의 접촉으로 인도 문화의 영향을 많이 받아 왔다고 한다. 참파 왕국이 지배해 오면서 남아 있게 된 것이 바로 미손 힌두사원 유적이다.

미손 유적은 1999년 유네스코 세계문화유산으로 지정되었는데, 이런 식으로 풀이 우거진 유적이 얼마나 더 유지될 수 있을지 모르겠다. 참파 왕조는 1428년 북부에서 밀고 내려온 베트남 레(黎) 왕조에 의해 멸망하여 역사 속으로 사라지고 말았다. 왕조가 멸망한 후 잊혀지고 돌보지 않아, 많이 파괴되었고 남은 유적 지붕에도 풀만 무성하다.

미손 유적을 오가는 들판에는 벼농사가 한창이고 사이사이 마을과 집들이 들어앉았다. 주택들은 외관상 깨끗해 보였는데 심작컨대 1970년대 베트남 통일 이후의 집들이 아닌가 싶다. 오가는 길가에서 많은 자전거 행렬을 목격하였는데, 도시지역의 출근 시간이 아닌 시골에서 이렇게 떼를 지어 이동하는 모습이 인상적이다.

우리는 이틀 후 후에를 찾았다. 후에는 다낭에서 북쪽으로 1백 킬로미터쯤 떨어진, 베트남 최후의 왕조가 왕도로 삼았던 역사도시이자 중부 베트남의 문화 중심지이다. 다낭에서 후에를 가자면 하이번 고개(최고 해발 6백 미터)를 넘어가야 하는데,

해안에서 꼬불꼬불 단숨에 높은 재를 넘어야 하는 운전자들에게는 그야말로 악몽과 같은 고갯길이었다고 한다. 우리는 후에로 갈 때 고갯길을 넘어 고개 밑으로 전개되는 아름답고 아슬아슬한 경치를 맛보았다. 하이번 고개는-나중에 안 것이지만-다낭 이남을 지배하던 참파 왕국에게 이북의 월족을 방위하는 천혜의 요새 역할을 해준 것으로 알려져 있다.

베트남(또는 월남)이란 단어는 한자 월(越)로부터 유래하는데, 월(越)족은 중국 역사상의 춘주전국시대 (BC 770-220) 양쯔강 이남과 베트남 북부에 널리 퍼져 살던 다양한 민족집단을 일컫는다. 손자(孫子)의 병서에 나오는 고사성어 '오월동주(吳越同舟)'에 나오는 월(우월(于越)이라고도 함)은 춘추전국시대의 민족집단 가운데 하나로서, 오월(吳越)이 경쟁하다가 국운이 쇠퇴하여 기원전 334년 초나라에 멸망당했다. 기원전 200년 무렵 중국 남부 광저우(廣州)를 중심으로 일어난 남월(南越)이 전한(前漢)에 의해 베트남 북부에 밀려났고, 기원전 111년 한나라에 점령당했었다.

이와 같은 사실을 우리나라와 비교하면 비슷한 데가 많다. 후한 무제에 의해 침략을 당한 시기(BC 2세기)나 한의 군(郡)에 항거하여 이를 물리친 시기(3세기 초반)나, 왕조라는 국가체제를 이룩한 시기도 비슷하다. 또 중국이 강성해지면 조공을 바치던 것도, 과거제로 관료를 뽑아 문치주의를 한 전통을 가진 것도 비슷하다.

하이번 고개에서 바라본 다낭

후에 고성 성문

베트남 마지막 왕조는 구엔(院-Nguyen) 왕조로서 1802년 후에(Hue)를 왕도로 삼았다. 18세기 후반 유럽 세력이 아시아로 밀려오면서 프랑스의 침략을 받아 1883년 인도차이나 반도가 모두 프랑스의 식민지가 되었는데, 이 모든 일들이 구엔 왕조 때의 일로서 이후 구엔의 역대왕은 제2차 세계 대전이 끝나는 1945년까지 이곳에서 허수아비 왕의 지위를 유지하였다. 그로 말미암아 후에에는 왕궁터와 왕릉이 유적이 남게 되었다.

후에는 1968년 구정공세로 격렬한 전투가 일어났던 곳이다. 당시 북부 베트남과 베트콩은 1월 31일 구정 연휴의 정적을 깨고 전국에서 대대적인 공세를 폈다. 사이공의 남부 베트남 정부건물을 비롯하여 미국대사관도 한때 베트콩의 점령을 당했다. 베트콩이 후에 시가지를 점령하면서 한 달 이상 시가에서 치열한 공방이 일어났다. 미군은 후에의 역사적인 유저 때문에 폭격을 제대로 하지 못한 것으로 알려졌고, 해병 1개 사단을 투입하여 격렬한 시가전투를 벌인 끝에 후에를 탈환하였다. 이리하여 후에의 성곽과 궁전은 전화로부터 벗어날 수 없게 되었던 것이다.

후에는 바다가 근접하고 향강(Perfume River)이 시의 남북을 가르며 흐르는 교통이 편리한 지리적 위치를 이용하여 성곽도시로 설계되었다. 넓이는 520헥타르(1ha는 10,000m²)이다. 후에 성곽은 전형적 동양적 음양오행설을 기초로 베트남 오색(황·

백·청·흑·홍)을 성곽 설계의 기본으로 삼았다고 베트남의 안내서는 기술하지만, 실제로 후에 궁전은 중국의 자금성을 모방하여 건축의 중심축을 남북으로 일직선상에 놓았고, 구엔 왕조 민망왕(1820-1841) 때 궁을 자금성(紫禁城)으로 개명하였던 기록이 있다. 하지만 성곽이나 망루 요새는 자세히 살펴보면 프랑스의 영향을 받아 유럽식의 축성술과 동양의 것을 혼합시킨 퓨전 문화의 색채가 뚜렷하다.

성은 네모꼴의 외성과 내성으로 되어 있는데, 외성 둘레 2,235미터, 높이 6.6미터, 바닥 두께 20미터로 밖은 해자로 둘러싸였고, 둘레엔 6개의 망루와 10개의 문이 있다. 내성의 둘레 622미터, 높이 4미터 내성 안에는 정전(正殿) 디엔 타이호아라고 안내서에 소개된 건물에 황금색 기와로 덮여 있고, 현판은 泰和殿(태화전)이란 한자 현판이 보였다. 현대 베트남 사람들은 한자를 서양식으로 디엔(殿) 타이호아(泰和)로 읽는가 보다. 역대 왕을 숭모하기 위한 히엔람각에는 '현림각(顯臨閣)'이란 한자 현판을 볼 수 있었다. 히엔람각 내부는 우리나라의 종묘와 너무나 비슷하였다.

궁전 내부의 건물은 베트남 전쟁 기간 중 1968년 이른바 베트콩의 구정(Tet) 공세로 미군과 치열한 전투를 치루면서 거의 파괴 소실되었고, 건물 몇 동만 남았던 것을 수리하여 현재는 세계문화유산으로 지정되어 있다. 베트남의 어둡고 아픈 역사의 한 장면이다. 또 하나 베트남에서 느끼는 것은, 우리나라의 일상용어 중 한자로부터 유래하는 단어가 많은 것과 마찬가지로, 베트남이 비록 로마자로 자기 말을 표

후에 왕릉

후에의 거리 풍경

기하고 있지만 중국과의 깊은 역사적 관계로 베트남 일상용어의 85퍼센트가 한자 표현에서 유래한다는 사실이다.

우리는 후에 성 관람을 끝내고 교외 문화유적으로 안내받았다. 후에 교외 구릉지대에는 구엔 왕조 민망왕, 투득왕, 카이딘왕의 왕릉과 불교 및 유교 유적이 산재한다. 왕릉은 묘실을 둘러싼 벽이 드리워져 있고 제왕의 유체가 안치된 묘실, 공덕비를 모신 비각, 왕묘를 지키는 석상군(石像群) 외에 동양식 정원과 서양식 정원이 섞여 있어 프랑스 식민지 시대에 서양문화에 깊은 영향을 받았음을 알 수 있다. 투득 왕릉은 실제로 유해가 묻혀 있지 않다고 하는데 묘역에 중국식 목조건물이 연지(蓮池) 한가운데 세워졌고, 연꽃이 해자(垓字)에 가득하게 아름답게 피어 있다. 카이딘왕의 묘실 안의 벽과 세난은 노사(陶瓷)로 된 장식불에 프랑스 와인 병을 이용한 조소(彫塑)가 이채롭다.

티엔 무(Thien Mu) 사원을 방문해서 베트남의 아름다운 불탑을 보았다. 사원 입구에는 한자로 '영모사(靈姥寺)'라는 간판을 보면서 베트남의 사찰 표기법이 묘하구나하는 생각이 들었는데 사원 안으로 좀더 들어간 후 나는 몸이 굳어져 버리는 순간을 겪었다. 이 사원에는 베트남 현대사의 아픔이 간직되어 있었기 때문이다. 1963년 6월 11일 오후, 멸망한 남부 베트남 수도 사이공에서 생긴 사건. 당시 남부 베트남은 고딘디엠 대통령 지배 아래 공산 북부 베트남과 대치하면서도 부패와 무능으로 사

티엔 무 사원

회가 극도로 혼란한 가운데, 정부가 "불교계가 베트콩을 뒤에서 부추긴다"고 불교를 탄압하여 불교계의 불만을 사고 있었다. 그러던 중 후에 불교계 지도자 틱 쾅 득 (Thic Quang Duc) 스님이 이에 항의하여 거리에서 분신자살하였고, 불길에 휩싸인 스님이 꼿꼿하게 타서 죽는 모습을 전 세계가 생생하게 본 기억이 있었다. 이 사원에 사건 당일의 자동차와 유품이 전시되어 있었다.

한국으로 돌아와서 자료를 조사해 보았다. 당시 외신은 사전에 어떤 일이 일어날 것이라는 막연한 연락을 받고 현장에 달려갔는데, AP통신 말콤 브라운 기자는 당시의 현장사진으로 퓰리처상을 받았다. 뉴욕타임스 특파원 할버스탬 기자는 다음과 같은 기사를 송고했다.

"나는 그 모습을 다시 보고 싶지 않다. 한번으로 족하다. 몸에서 불길이 서서히 타오르는데, 그의 몸은 바작바작 말라가고 쪼그라들고 그의 머리는 검게 그을어 갔다. 현장에는 사람 몸이 타는 냄새가 짙게 풍겼다. 사람의 몸은 의외로 빨리 탔다. 나는 등 뒤에 서서히 모여드는 베트남 사람들의 흐느끼는 소리를 들었다. 나는 충격 속에서 울지도 못하고, 기자로서 취재할 엄두도 못내면서, 아무 생각도 못할 정도로 멍해 있었다. 스님은 타오르면서 꼼짝도 안하고 신음 소리조차도 없이, 주변에서 흐느끼는 사람들과는 너무나도 대조되게 의연한 자세로 죽어 갔다".

티엔무 사원

틱 광 득 스님의 분신 후 유해는 화장했으나 심장은 불자의 사리처럼 호치민 교외 사 로이(Xa Loi) 사원에 보존되어 있다고 한다. 고딘디엠 대통령은 그 사건 후, 같은 해에 쿠데타에 의해 실각 암살되었고, 남부 베트남은 내부 혼란에 빠진 뒤에 베트남 전쟁에서 패배하고 멸망해 버렸다.

베트남 전쟁 당시 베트남에 와 보지 못했던 내가 2001년 호치민 시를 처음 방문 했을 때의 감회가 떠오른다. '도이 모이' 개방정책으로 나라를 개방하여, 전쟁을 치른 미국과 한국과도 국교를 정상화한 지 몇 년 후의 일이다. 남부 베트남이란 나라 가 멸망한 후 베트남 보트 피플을 만들어내어 세계의 뉴스거리를 만들어낸 나라 사람들, 공산 독재에서 종교의 자유와 사유재산이나 경제활동을 선택할 자유를 빼앗겼던 사람들, 거리에 넘치는 자전거 물결을 보면서 이 사람들이 용케도 지옥과 같은 고통을 이겨냈구나 하는 감회가 들었었다. 이번에 다낭에 와서 느낀 것은, 40년 전의 베트남 전쟁을 떠올리게 하는 흔적이 이제는 거의 없다는 것이고, 미국 편에 서서 베트남 통일전쟁에 참전했던 한국과 한국 사람들에 대한 경계나 적개심을 전혀 찾아볼 수 없다는 것이다. 오히려 "얼마나 많은 베트남 아가씨들이 한국에 시집와서 살고 있는가?" 오늘의 현실을 새삼스럽게 생각해 본다.

후에에서 돌아오는 길은 하이번 고개를 넘는 대신 최근 개통된 터널을 이용하니 시간이 40분 이상 단축되었다. 이 터널은 우리나라 기업체가 공사를 맡아 완공시켰다고 한다.

후에 거리의 음식점

저녁 6시경 다낭 해변에 있는 한국 음식점으로 안내되었다. 다낭 해변에 수천 명이 해수욕을 하려고 바다에 꽉 들어찬 모습이 인상적이었다. 베트남 사람들은 낮에는 더위 때문에 그늘 같은 데서 지내다가, 일을 끝내고 서늘한 시간에 해수욕을 즐기러 온다고 가이드가 일러 준다. 다낭에서 호이안에 이르는 장장 50킬로미터의 해안은 모래사장으로 뒤덮인 세계적으로 유수한 해안 비치가 끝없이 이어진다. 우리가 머문 리조트 호텔은 농눅 비치에 있었는데, 전용 해변을 가진 아주 느긋하고 한적한 곳이었다. 이곳에서 멀지 않은 곳엔 오행산(五行山)이란 멋진 카르스트 형 산

호이안 교외의 자전거 행렬

이 돋보이는데, 대리석이 많이 나온다 하여 '마블 마운틴'이라고도 한다.

　다낭 시내를 벗어나 호이안으로 가는 도중 길옆으로 베트남 전쟁 당시 미군이 공군기지로 사용하였던 공군기 격납고를 목격하였다. 일부러 보존하고 있는 것인지 아니면 개발계획에 밀려날 것인지는 가늠하기 힘들었다. 바로 길 건너 바닷가에 관광호텔 건설이 한창인 것을 보면, 수년 안에 헐려나가게 될 것이 아닌가 싶었다. 역사는 쉬지 않고 흐르고 있음을 실감하게 하였다.

　다낭 남쪽에서 호이안에 이르는 지역은 한국군 해병대가 베트남 전쟁 당시 주둔해 작전했던 주월한국군 활동사와 관련이 있는 고장이다. 한국은 당시 미국의 강청으로 베트남에 2개 사단 이상의 병력을 파병했었고, 맹호부대의 대 베트콩 작전은 용맹하기로 이름나 당시 국민의 격찬을 받은 바 있으니 격세지감의 느낌이다. 베트남 전쟁에서 얻은 경험과 여기서 벌어온 외화는 '월남 특수'라는 말이 나올 정도로 우리나라의 무역과 경제 발전에 커다란 도움이 되었던 것이-아는 사람은 다 아는- 사실이다. 베트남 전쟁이 끝나고 제1차 석유파동을 겪는 과정에서 우리나라는 중동에 눈을 돌려 중동 특수로 우리나라 경제가 이어졌다.

　1990년대 말 베트남이 개방되자 우리나라 관광객이 들이닥치고 있다. 한때 사이공 중심이던 패키지 관광이 북부 하노이와 하롱베이로 이동하더니, 이제 중부의 다낭을 중심으로 전세기를 이용한 중부 휴양지 패키지가 나오면서 한국인들의 새로운

농눅 비치 호텔 연못

다낭 강변의 민속 제례

여행지가 되고 있다.

그러나 아직 대부분의 이용객은 베트남에 어떤 기억을 지니고 있는 노년층이 중심이고, 그 중에도 베트남에 파병근무를 한 경험이 있는 60대 이상이 주축인 것 같다. 이들 중 어떤 사람들이 전쟁유적을 찾아보려는, 그들이 참전했던 주둔지를 찾아보려는 의욕을 가지고 오는 사람들이 많아 보였다. 그러나 요즈음 베트남에서 전적지를 발견하기란 그리 쉽지 않은 것 같다. 당시 찍은 한국군 사진을 보면, 사진 속의 지형이 우리가 이번에 본 해안과 농촌과 거의 비슷한데 그 어디에도 전적은 볼 수가 없었다. 우리의 방문지가 다낭과 호이안이라기에 출발하기 전에 인터넷을 뒤져 보고 국방부 전사박물관도 가서 기록을 뒤져 보았다. 그러나 현지에 와 보니 그 어느 곳도 우리 청룡부대가 주둔했던 곳이라고 지점을 특정하기는 어려웠다. 청룡부대 출신조차, 기억을 더듬어 찾아보아도 찾기 힘들 정도로 베트남은 변해 있는 것이다.

그러던 중 나는 해안을 산책하다가 나지막한 언덕 위에 현재는 사용하지 않는 낡은 해안경비 벙커를 발견하고 스스로 놀랐다. 분명히 베트남 전쟁의 유적이었다. 벙커 위에는 잡초가 우거지고 월남기가 나부끼고 있긴 하지만 너저분했고, 주변 한구석에 베트남 민속신앙과 관련된 공물(供物)이 놓여 있기도 하였다.

다음 날 우리는 농눅 해안에 인접한 마블 마운틴을 찾아보았다. 베트남 지명은 오행(五行)산이라고 한다. 해안에서 불과 수백 미터 떨어진 곳에 백 미터 이상 우뚝 선

봉우리 2개가 카르스트 지형을 이루고 있는데, 산에서는 대리석이 산출되고 있어, 대리석 석물과 공예품 제조 판매가 마을 온 동네의 산업이었다. 베트남 전쟁 당시에 이 산의 동굴을 둘러싸고 미군과 월맹군 사이 격렬한 전투가 치러졌던 전적지였다. 전쟁의 파괴 속에서 이들은 다시 일어나 향토 특산품으로 그들의 삶을 다시 일군 것이다. 여기서 호이안은 불과 20킬로미터.

한국군 해병대 청룡부대는 1968년 1월 추라이에서 북쪽으로 이동하여 호이안에 부대본부를 설치한 지 얼마 안 되어, 1월 30일 구정(舊正)공세에 휩싸였다. 전사자료 "베트남 전쟁과 한국군"에 의하면 청룡부대는 호이안을 중심으로 한 쾅남성의 300평방 킬로미터 작전지역 방어를 책임 맡았는데, 한때 호이안을 베드콩 부대에 빼앗겼다가 3일 만에 다시 탈환한 것으로 기록되어 있다. 호이안은 평야지대를 유유히 흐르는 튜본 강으로 인하여 수많은 강과 수로가 종횡으로 이어져 있어, 농사를 위해 개간되지 않은 곳은 전답미문의 정글이었다고 술회하고 있다. 해안은 수십 킬로미터 뻗은 사구지대이다.

그런데 내가 호이안을 와보고 싶었던 이유는, 이 자그만 해안 도시가 5백 년 전부터 중국, 일본과의 교역지로서 지금까지도 그 유산이 잘 보존되어 있어 세계문화유산으로 지정되어 있다는 사실 때문이다. 호이안 지방은 나중에 다낭에 교역주도권

농눅 해변에서 멀지 않은 대리석 조각 마을.
가운데 솟은 산이 마블 마운틴으로 불리는 오행산

① 호이안 부근의 농촌
② 해안가 주택
③ 베트남 전쟁 때 사용한 벙커
(혹시 청룡부대의 것은 아닐런지?)

을 빼앗겼지만, 참파 왕국 시절부터 동남아와 인도와의 문화와 교역의 거점이었던 것이 분명하다. 우리가 맨 먼저 찾았던 참파 왕조는 다낭 하이번 고개라는 천혜의 요새를 사이에 두고 베트남족과 격리되어 18세기까지 존속하였는데, 이들이 번성했던 요인은 인도와 동남아시아와의 교역로 상에서 무역으로 부를 축적할 수 있었기 때문이다. 그 증거가 지금 미손 지방에 남아 있는 힌두사원 유적인 것이다.

베트남 해안은 바다의 실크로드의 한 거점이었다. 항해술이 발달하기 전 동서양의 교류는 육로로 이루어졌는데 사막과 초원의 실크로드이다. 그렇지만 바다의 실크로드가 일찍부터 열려 많은 사람과 상품이 오고갔다. 사료를 살펴보면 『왕오천축국기』를 남긴 신라의 고승 혜초가 인도에 갈 때에는 바닷길로 동남아시아를 거쳐 인도에 늘어갔다고 한다. 선박을 이용하는 것이, 낙타와 대상을 따라 황무지 사막을 여행하는 것보다 훨씬 더 쉬웠는지도 모른다는 생각이 든다. 그러나 혜초는 『왕오천축국기』에서 귀로는 인더스 강, 파미르 고원 그리고 텐산 남로를 거쳐 돌아온 것으로 기록하고 있다.

이슬람 제국에서도 7세기부터 해역로를 통한 교역이 번창하면서 아라비아 반도 연안의 항구 지역이 문화교류의 거점이 되었다. 잘 알려진 마르코 폴로의 『동방여행기』에서, 그가 베니스로 돌아가는 길은 인도차이나 반도와 인도양 그리고 아라비아 반도로 이어지는 해상교역로를 통한 것으로 되어 있다. 그러다가 선박 건조 기술의 발달로 이른바 대항해 시대로 들어오면서, 바다가 육지의 교역로 역할을 대신하게 되었다. 지리적으로 중국에서 동남아와 인도로 향하는 모든 선박은 베트남 연안을 따라 항해한 후 말라카 해협을 빠져 인도양으로 나와야 됨에 따라, 베트남 연안은 자연히 교역의 거점과 기항지가 되었던 것이다. 바다를 통한 동서교역은 항저우(杭州)와 추안저우(泉州)와 베트남 해안 무역항을 거치는 무역로로서 '바다의 실크로드' 또는 '향료와 도자기 루트'가 된다.

호이안의 골목 풍경

　동남아시아에 가보면, 모든 나라에서 화교가 확고한 커뮤니티를 이루고 상권을 거머쥐고 있음을 목격할 수 있다. 그들이 경제를 좌우한다는 보도도 자주 본다. 아시아에서 한국과 일본에서만 화교들의 경제적·상업적 기반이 미미한 것이 현실이다. 어떻게 이런 현상이 일어난 것인가. 이에 대한 대답을 알아내기 위해서는 중국의 역사를 좀더 살펴볼 필요가 있다.

　중국의 역대 왕조가 중원과 화북을 중심으로 정치·경제적 통제를 강화했지만 상대적으로 거리가 먼 양쯔강[揚子江 또는 장강(長江)이라고도 함] 이남 즉 화남지방까지는 지배가 느슨했던 가운데, 지방 상인들이 화남과 동남아를 무대로 부를 축적했던 데서 중국 화교의 역사를 가늠해 볼 수 있다. 또 영국이 호주로 죄인을 추방한 것과 마찬가지로, 중국의 역대 왕조는 다수의 죄수와 상인을 화남지방으로 추방했

호이안 강변

다고 한다. 화남지방은 원래 월(越)로 대표되는 야만인들이 살던 곳이다. 진시황에게 정복된 후에 양쯔강 이남은 유배지가 되어 버렸다.

　동아시아에서 최초로 해상무역이 발달된 무대가 월이 지배하는 화남지방의 항구도시였다. 이들은 큰 선단(船團)을 만들어 조선·일본을 비롯하여 남으로는 동남아시아까지 항해하면서 무역을 했다. 오월(吳越)은 춘추전국시대 진(秦)에 의해 넘어지고 한(漢)에 의해 재정복되었는데, 진·한은 기본적으로 화북 중국인들로서 화남의 월인들과는 종족적·언어적으로 다른 민족이었다. 이때부터 중국의 화남 연안부의 월인(越人)들은 북쪽 사람들의 통제와 핍박을 피해 동남아 연안 지방으로 이주 정착하기 시작했다. 월의 후예는 지금 푸젠성(福建省)과 광둥성(廣東省)에 살고 있는데, 이들이 쓰던 언어는 베트남어로 변화하여 남아 있는 것으로 밝혀졌다.

명나라 때 정화(鄭和) 제독은 영락제(永樂帝)의 명을 받아 1405년부터 1433년 사이 28년 동안 세 번에 걸쳐 동남아 말라카 해협과 인도양을 거쳐 이슬람 제국과 아프리카까지 원정하였는데, 이는 콜럼버스가 인도로 가기 위해 대서양을 건넌 시기보다 90년이나 앞선 일이었다. 당시 정화 함대의 규모는 선박의 크기도 콜럼버스의 배보다 월등히 컸고, 원정군 규모는 군함 317척, 수군 2만8천 명이었다. 세 번에 걸친 원정 끝에 명은 인도차이나 반도 남부와 말라카 해협을 완전히 명의 통제 하에 둘 수 있게 되었다.

호이안에 현재 남아 있는 문화유산의 대부분은 푸젠성 등지에서 이주 정착한 화교의 후예들이 남긴 것이다. 이들은 끈질긴 생활력을 통해 이 지방 상업과 교역을 지배하게 되고, 동남아 제국에 국경 없는 화교 왕국을 건설하였는지도 모른다. 호이안도 화교의 진출로 이루어진 셈이다.

16세기 이래, 무역항으로 중국과 동남아 해상무역의 중요 거점이 되었고, 지금은 그 유적이 고스란히 남아 있는 베트남 호이안 유일의 옛 무역항 겸 시장도시이다. 18

세기 말부터 해안침식과 모래의 퇴적으로 큰 배가 들어오기 힘들어지자, 이 역할을 이웃 다낭에 넘기고 퇴색된 상태대로 옛 모습을 간직한 채 오늘까지 이어온 것이다. 낙후된 경제가 문화재를 보호해 왔다는 역설적인 현실이다.

호이안에 남아 있는 일본인 마을과 일본식 다리는, 이 도시에 일본인들도 수 세기 전부터 진출하여 교역하였으며, 거류지를 이루었던 사실을 증명해 준다. 오래된 목조 다리를 가운데 두고 중국과 일본 거류지가 형성되었고, 각각 중국과 일본식 사당·사원·집회소 그리고 저자거리 건물이 그대로 남아 있어 중부 베트남의 관광도시가 되었고, 1999년에는 세계문화유산으로 지정되었다.

건축물은 6-7미터 거리 양편에 이어져 세워졌는데, 상가 건물은 거리를 향하여 좁고 기다랗게 들어서 있는 것이 특색이다. 이는 아마도 거리 양쪽에 될수록 많은 상점이 들어설 수 있게 배려한 것이 아닌가 싶다.

우리는 더운 여름 시에스타(베트남인의 낮잠 시간)가 막 끝날 무렵 시크로(인력거)를 타고 호이안 거리를 돌아보고 군데군데 내려서 유적 건축물을 들여다볼 수 있었다. 대부분이 복층으로 된 목조건물로서, 중국과 베트남의 전통이 잘 조화되어 있음을 알 수 있었다. 항상 느끼는 것이지만, 이러한 오래된 문화유산은 현대화 대열에 끼지 못하고 낙후되어, 경제적 침체가 변천하는 경제기류를 따라잡지 못하고 옛 모습 그대로 남아 있게 되어, 이것이 오히려 옛 문화유산을 보존하는 데 기여했다는

베트남 호이안의 일본식 다리 내부

호이안의 일본식 다리

호이안의 중국식 건축물 입구

역설적인 결과를 낳았다.

　2008년 여름, 중부 베트남은 한창 바뀌고 있었다. 호이안 역사지구를 세계문화유산으로 지정한다고 이를 얼마만큼 보존해 갈 수 있을 것인가. 훗날 두고 볼 일이다.

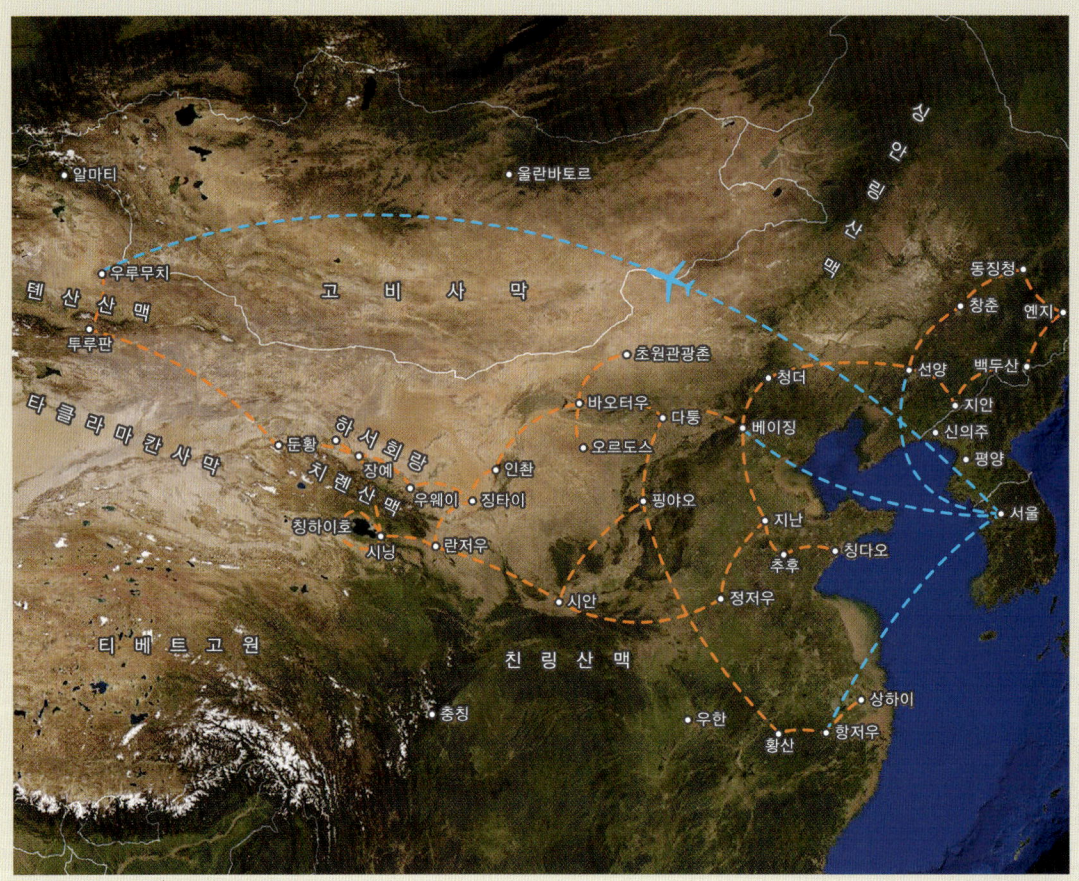

알마티 •

울란바토르 •

우루무치 •

텐산산맥

투루판 •

고 비 사 막

동징청 •

창춘 •

옌지 •

타클라마칸사막

하서회랑

둔황 •

장예 •

치 렌 산 맥

우웨이 •

칭하이호

시닝 •

란저우 •

초원관광촌 •

바오터우 •

오르도스 •

인촨 •

징타이 •

다퉁 •

베이징 •

청더 •

선양 •

백두산 •

지안 •

신의주 •

평양 •

서울 •

핑야오 •

지난 •

칭다오 •

추후 •

티 베 트 고 원

충칭 •

친 링 산 맥

정저우 •

우한 •

황산 •

항저우 •

상하이 •

ⓒ 이철현

중국과 베트남의 실크로드 역사·문화기행 루트

● **제1차** 2005. 10. 10 ~ 2005. 10. 28
서울(항공) → 상하이(육로) → 쑤저우 → 항저우 → 황산 → 상하이(항공) → 타이위안(승용차) → 핑야오 → 타이위안(항공)
→ 시안(항공) → 우루무치(육로, 버스) → 투루판(침대열차) → 둔황(항공) → 베이징 → 서울

● **제2차** 2006. 5. 31 ~ 6. 6
서울(항공) → 우루무치(버스) → 투루판(택시) → 우루무치(항공) → 란저우(승용차) → 류자샤 댐(쾌속선 1시간) → 상류 병령사(승용차)
→ 란주(침대열차) → 둔황(침대열차) → 우루무치(항공) → 서울

● **제3차** 2007. 1. 27 ~ 2. 6
서울(항공) → 베이징(전용버스) → 청 동릉 → 청 서릉 → 베이징(베이징 → 우루무치 간 특쾌 열차 T69 열차 정저우, 시안, 란저우 경유)
→ 장예(대절 택시) → 자위관(침대열차) → 둔황(침대열차) → 란저우(침대열차) → 영하회족자치지구 인촨(항공) → 베이징(항공) → 서울

● **제4차** 2007. 8. 6 ~ 8. 14
서울(항공) → 베이징(항공) → 란저우(전용버스) → 서녕(칭하이성 성도) → 칭하이후 → 청해진 → 문원(問源) → 치렌 산맥 → 장예
→ 숙남지역 → 우웨이 → 징타이현 황하석림 → 란저우(항공) → 베이징 → 서울

● **제5차** 2007. 9. 15 ~ 9. 19
서울(항공) → 칭다오(전용버스) → 노산 → 태산 → 취푸 → 쯔보 → 칭다오(항공) → 서울

● **제6차** 2008. 10. 17 ~ 28
서울(항공) → 창춘(침대열차) → 옌지 → 영안시 동경성 → 창춘 → 선양 → 다퉁 → 바오터우(택시) → 동승 → 바오터우(노선버스)
→ 후허하오터(항공) → 베이징(택시) 청더(버스) → 베이징(항공) → 인천

중국의 세계문화유산 답사지

(연도는 세계문화유산으로 지정된 해)

- 명·청대 고궁 자금성(紫禁城) – 베이징, 선양, 1987
- 진시황릉(秦始皇陵) – 시안, 1987
- 둔황 막고굴(莫高窟) – 둔황, 1987
- 태산(泰山; 타이산) – 산둥성, 1987
- 만리장성(萬里長城) – 베이징 교외, 1987
- 황산(黃山) – 안후이성, 1990
- 취푸(曲阜) 공자묘와 사당 – 산둥성, 1994
- 핑야오(平搖) 고읍 – 산시성, 1997

- 리장 고성(麗江古城) – 윈난성, 1997
- 이하원(頤和園) 여름별궁 – 베이징, 1998
- 천단(天壇) – 베이징, 1998
- 역사마을 홍췬, 시디 – 안후이성, 2000
- 명·청대 황릉(明淸代皇陵) – 베이징 교외, 2000
- 윈강(雲崗) 석굴 – 산시성, 2001 ·
- 선양고궁(瀋陽故宮) – 선양, 2004
- 고구려 고읍과 왕묘 – 야오닝성, 2004

김광식(金光植)은 서울 출생으로, 서울대 언어학과를 졸업하고 문화공보부(현 문화관광부)에
들어가 첫 공직생활을 한 이래 16년 동안 해외에서 문화 홍보업무에 종사하였다.
문화와 해외홍보 계통의 업무를 담당한 문화예술행정가로서 31년간 재직하는 동안
문화예술국장, 국립영화제작소장, 국립중앙박물관 사무국장, 일본문화원장 등을 역임했다.
퇴임 후 고려대 연구교수로 재직한 바 있으며, 1999년 안동 하회마을 조사를 계기로
유네스코에 관계하기 시작했다. 현재 유네스코 산하 ICOMOS(국제기념물유적협의회)
한국위원으로, 세계 여러 나라를 다니며 세계문화유산 보존업무를 하고 있다.

세계의 역사마을·2

-중국과 베트남의 실크로드 역사·문화기행

글·사진 김광식

초판 1쇄 발행일 — 2009년 10월 26일 / 발행인 — 이규상 / 편집인 — 안미숙 / 발행처 — 눈빛출판사
서울시 마포구 상암동 1653 이안상암 2단지 506호 전화 336-2167 팩스 324-8273 / 등록번호 — 제1-839호
등록일 — 1988년 11월 16일 / 편집·디자인 — 정계화, 성윤미 / 출력 — DTP 하우스
인쇄 — 예림인쇄 / 제책 — 일광문화사 / 값 15,000원
ISBN 978-89-7409-963-3 03990